D1943087

Frank Ebert

Der Verwaltungsprozess in der Behördenpraxis

Ein Leitfaden für Praxis und Ausbildung

Frank Ebert

Der Verwaltungsprozess in der Behördenpraxis

Ein Leitfaden für Praxis und Ausbildung

Dr. Dr. Frank Ebert,
Ministerialrat, Vertreter des öffentlichen Interesses,
Thüringer Innenministerium, Erfurt
2. Auflage 2012

Carl Link Kommunalverlag

Bibliographische Information der Deutschen Bibliothek
Die Deutsche Bibliothek verzeichnet diese Publikation in der Deutschen Nationalbibliografie; detaillierte bibliografische Daten sind im Internet über http://dnb.d-nb.de abrufbar.

ISBN 978-3-556-05987-6

www.wolterskluwer.de

Alle Rechte vorbehalten

© 2012, Wolters Kluwer Deutschland GmbH, Köln
Carl Link Kommunalverlag – eine Marke von Wolters Kluwer Deutschland

Der Inhalt dieses Werkes, alle Vorschriften, Erläuterungen, Anregungen und weiterführenden Fachinformationen, sind mit größter Sorgfalt zusammengestellt. Dies begründet jedoch nicht einen Beratungsvertrag und keine anderweitige Bindungswirkung gegenüber dem Verlag. Es kann schon wegen der nötigen Anpassung an die individuellen Gegebenheiten des Einzelfalls keine Gewähr für Verbindlichkeit, Vollständigkeit oder auch Fehlerfreiheit gegeben werden, obwohl wir alles tun, einen aktuellen und korrekten Stand zu erhalten. Alle Rechte vorbehalten. Das Werk einschließlich aller seiner Teile ist urheberrechtlich geschützt. Jede Verwertung außerhalb der engen Grenzen des Urheberrechtsgesetzes ist ohne Zustimmung des Verlages unzulässig und strafbar; dies gilt insbesondere für Kopien, Vervielfältigungen, Bearbeitungen, Übersetzungen, Verfilmungen oder die Speicherung in elektronischen Programmen und Systemen.

Verantwortlich:
Wolters Kluwer Deutschland GmbH
Luxemburger Str. 449, 50939 Köln
E-Mail: info@wolterskluwer.de
Internet: www.wolterskluwer.de

Umschlag: Martina Busch, Grafikdesign, Fürstenfeldbruck
Satz: MainTypo, Frankfurt am Main
Druck: Appel & Klinger Druck und Medien GmbH, Schneckenlohe

♾ Gedruckt auf säurefreiem und alterungsbeständigem Papier

Vorwort

Die breite Resonanz, auf die die erste Auflage bei Behörden und Gerichten, Rechtsanwälten und Universitäten, Praktikern und Referendaren innerhalb kürzester Zeit gestoßen ist, zeigte bereits kurz nach ihrem Erscheinen den Bedarf für eine weitere Auflage an. Aufgrund zahlreicher Anregungen, für die der Autor Nutzern, Rezensenten und dem Verlag ausdrücklich dankt, wurden einige Verbesserungen vorgenommen. Neu in das Werk wurden die Abschnitte zur außergerichtlichen Streitbeilegung (Mediation) und zur überlangen Verfahrensdauer eingefügt.

Ein wesentliches Kennzeichen des Rechtsstaats ist die Kontrolle behördlichen Handelns durch unabhängige Gerichte. Die Zahl der Verfahren vor den deutschen Verwaltungsgerichten ist hoch. Überwiegend ziehen Bürger gegen hoheitliche Akte von Kommunen und Staatsbehörden zu Felde; wesentlich seltener führen öffentlich-rechtliche Körperschaften gegeneinander oder gegen Bürger Klage.

Behördenleiter vertreten ihre Behörden nach außen. Dieser Grundsatz gilt auf allen Gebieten, auch in Verfahren vor Verwaltungsgerichten. Es kommt nicht darauf an, ob die Behörde verklagt wird oder ob sie selbst klagt. Spätestens mit Zustellung der Klageschrift breiten sich jedenfalls in kleineren Behörden ohne eigenes Rechtsamt häufig Unsicherheiten aus. Verwaltungsprozessuale Fragen bilden für viele Behördenangehörige oftmals »vermintes Terrain«, zumal wenn die Gegenseite mit anwaltlichen Schriftsätzen zur Attacke ansetzt. Die Verwaltungsgerichtsordnung ist nicht selten das »Buch mit den sieben Siegeln«, insbesondere dann, wenn sie nur selten benötigt wird. Wer hilft, das Prozessrisiko zu beurteilen, wer kann die Erfolgsaussichten vorhersehen?

Dennoch: Verfahren vor den Verwaltungsgerichten müssen auch dem Behördenleiter, der davon bisher verschont war, kein Unbehagen bereiten. Von den Kosten der Rechtsberatung und -verwirklichung einmal abgesehen, ist anwaltliche Konsultation nicht von vornherein zwingend geboten, wenngleich es durchaus Fälle gibt, in denen sie ratsam ist.

Außenstehende machen sich von der Arbeitsweise der Verwaltungsgerichte oftmals keine oder unzureichende Vorstellungen. Das vorliegende Werk wendet sich an alle, die mit Verwaltungsgerichtsprozessen zu tun haben. Adressaten sind Bedienstete von Staatsbehörden, Kommunen, Kommunalverbänden und anderen Körperschaften, Anstalten und Stiftungen des öffentlichen Rechts. Juristen dürfen sich gleichermaßen angesprochen fühlen wie Nichtjuristen, Studierende, Rechtsreferendare und wissenschaftliche Arbeiter.

Es unterscheidet sich von herkömmlichen Lehrbüchern und Kommentaren durch seinen andersartigen, ausschließlich an praktischen Bedürfnissen orientierten Aufbau. Primäres Anliegen ist es, einen Überblick über das Verfahren einschließlich der unterschiedlichen Rollen des Gerichts und der Verfahrensbeteiligten zu verschaffen und Hilfen bei der Beurteilung der Erfolgsaussichten aus behördlicher Sicht zu geben. Auf die Behandlung von Problemen, die in der forensischen Praxis nur selten vorkommen, wurde deshalb weitgehend verzichtet.

Der Verfasser, selbst langjähriger ehemaliger Verwaltungsrichter und Oberlandesanwalt und jetzt Vertreter des öffentlichen Interesses im Freistaat Thüringen, reichert die Verfahrensvorschriften um zahlreiche Beispiele, Muster und Tipps aus seiner langjährigen verwaltungsgerichtlichen Praxis an. Die Tipps sind mit einem entsprechenden Symbol ☞ gekennzeichnet.

Hinweis:
Dieses Buch beinhaltet zahlreiche Musterschreiben, die wir Ihnen auf Anfrage gerne zur weiteren Nutzung kostenlos per E-Mail zusenden. Bitte richten Sie Ihre Anfrage mit dem Betreff »Muster VwGO« an die E-Mail-Adresse ordnungsrecht@wolterskluwer.de

Inhalt

Abkürzungsverzeichnis

a. A.	anderer Ansicht
a. a. O.	am angegebenen Ort
ABl.	Amtsblatt
Abs.	Absatz
a. F.	alte Fassung
AGVwGO	Ausführungsgesetz zur Verwaltungsgerichtsordnung (mit zusätzlicher Landes-Unterbezeichnung)
amtl.	amtlich
Änd.	Änderung
AnwBl	Anwaltsblatt
ArbGG	Arbeitsgerichtsgesetz
Art.	Artikel
AsylVfG	Asylverfahrensgesetz
AufenthG	Aufenthaltsgesetz
Az.	Aktenzeichen
BAT	Bundesangestelltentarifvertrag
BayVBl	Bayerische Verwaltungsblätter
BayVGH	Bayerischer Verwaltungsgerichtshof
BBfA	Bundesbeauftragter für Asylangelegenheiten
BBG	Bundesbeamtengesetz
BbgVGG	Brandenburgisches Verwaltungsgerichtsgesetz
Bd.	Band
BeamtStG	Beamtenstatusgesetz
Begr.	Begründung
Bek.	Bekanntmachung
Beschl.	Beschluss
BFH	Bundesfinanzhof
BGB	Bürgerliches Gesetzbuch
BGBl.	Bundesgesetzblatt
BGH	Bundesgerichtshof
Bl.	Blatt
Bln	Berlin
BRAO	Bundesrechtsanwaltsordnung
BSG	Bundessozialgericht
BSHG	Bundessozialhilfegesetz
BT-Drs.	Bundestagsdrucksache
BVerfG	Bundesverfassungsgericht
BVerfGE	Entscheidung des Bundesverfassungsgerichts, amtl. Sammlung (zit. nach Band und Seite)
BVerwG	Bundesverwaltungsgericht
BVerwGE	Entscheidung des Bundesverwaltungsgerichts, amtl. Sammlung (zit. nach Band und Seite)
BW	Baden-Württemberg

BY	Bayern
bzw.	beziehungsweise
d. h.	das heißt
DÖV	Die Öffentliche Verwaltung
DRiG	Deutsches Richtergesetz
DVBl.	Deutsches Verwaltungsblatt
ebda.	ebenda
EGZPO	Einführungsgesetz zur Zivilprozessordnung
Einl.	Einleitung
f.	folgend
ff.	fortfolgend
FGO	Finanzgerichtsordnung
Fn.	Fußnote
GemSOGB	Gemeinsamer Senat der obersten Gerichtshöfe des Bundes
GG	Grundgesetz
ggf.	gegebenenfalls
GKG	Gerichtskostengesetz
GVBl.	Gesetz- und Verordnungsblatt
GVG	Gerichtsverfassungsgesetz
h. M.	herrschende Meinung
HessAGVwGO	Hessisches Gesetz zur Ausführung der Verwaltungsgerichtsordnung
HessVGH	Hessischer Verwaltungsgerichtshof
i. d. F.	in der Fassung
i. e. S.	im engeren Sinne
i. V. m.	in Verbindung mit
JVEG	Justizvergütungs- und -entschädigungsgesetz
KommP MO	KommunalPraxis Mitte/Ost
KostO	Kostenordnung
LKRZ	Zeitschrift für Landes- und Kommunalrecht Hessen/Rheinland-Pfalz/Saarland
m. w. N.	mit weiteren Nachweisen
NdsAGVwGO	Niedersächsisches Ausführungsgesetz zur Verwaltungsgerichtsordnung
NdsVBl.	Niedersächsische Verwaltungsblätter
n. F.	neue Fassung
NJW	Neue Juristische Wochenschrift
NJW-RR	NJW-Rechtsprechungsreport
Nr.	Nummer
NVwZ	Neue Zeitschrift für Verwaltungsrecht
NVwZ-RR	NVwZ-Rechtsprechungsreport
NW	Nordrhein-Westfalen
NWVBl.	Nordrhein-westfälische Verwaltungsblätter

o. a.	oben angegeben
o. g.	oben genannt
OVG	Oberverwaltungsgericht
RDG	Rechtsdienstleistungsgesetz
RdNr.	Randnummer
RMBeschrG	Rechtsmittelbeschränkungsgesetz
RP	Rheinland-Pfalz
RR	Rechtsprechungsreport
Rspr.	Rechtsprechung
RVG	Rechtsanwaltsvergütungsgesetz
S.	Seite
s.	siehe
s. a.	siehe auch
SächsJG	Sächsisches Justizgesetz
SH	Schleswig-Holstein
SL	Saarland
spät.	später
st.	ständig
StAnz.	Staatsanzeiger
StGB	Strafgesetzbuch
StPO	Strafprozessordnung
str.	streitig
Tel.	Telefon
ThürAGVwGO	Thüringer Gesetz zur Ausführung der Verwaltungsgerichtsordnung
ThürOVG	Thüringer Oberverwaltungsgericht
ThürVBl.	Thüringer Verwaltungsblätter
TVÖD	Tarifvertrag für den öffentlichen Dienst
u. a.	und andere, unter anderem
u. ä.	und ähnliche
Urt.	Urteil
u s w.	und so weiter
u. U.	unter Umständen
v.	vom
VBI	Vertreter des Bundesinteresses
VermG	Vermögensgesetz
VersR	Zeitschrift für Versicherunsgrecht, Haftung- und Schadensrecht
VG	Verwaltungsgericht
VGH	Verwaltungsgerichtshof
vgl.	vergleiche
VöI	Vertreter des öffentliches Interesses
Vorb.	Vorbemerkung
VVG	Versicherungsvertretungsgesetz
VwGO	Verwaltungsgerichtsordnung
VwGOAG HA	Gesetz zur Ausführung der Verwaltungsgerichtsordnung

	Hamburg
VwVfG	Verwaltungsverfahrensgesetz
VwZG	Verwaltungszustellungsgesetz
z. B.	zum Beispiel
zit.	zitiert
ZPO	Zivilprozessordnung

Literaturverzeichnis

Benkel: Die Verfahrensbeteiligung Dritter, 1996, Carl Heymanns Verlag, Köln
Bosch/Schmidt: Praktische Einführung in das verwaltungsgerichtliche Verfahren, 8. Auflage 2005, Kohlhammer Verlag Stuttgart.
Brandt/Sachs: Handbuch Verwaltungsverfahren und Verwaltungsprozess, 3. Auflage 2009, Boorberg Verlag, Stuttgart.
Eyermann/Fröhler: Verwaltungsgerichtsordnung, 12. Auflage 2006, C.H. Beck Verlag, München.
Finkelnburg/Jank: Vorläufiger Rechtsschutz im Verwaltungsstreitverfahren, 5. Auflage 2007, Beck Verlag, München.
Fricke/Ott: Verwaltungsrecht in der anwaltlichen Praxis, 2. Auflage 2005, Deutscher Anwaltsverlag, Bonn.
Hufen: Verwaltungsprozessrecht, 7. Auflage 2008, C.H. Beck Verlag, München.
Kopp/Schenke: Verwaltungsgerichtsordnung, 17. Auflage 2011, C.H. Beck Verlag, München.
Kronisch/Gohde: Behördenvertreter vor dem Verwaltungsgericht. 2. Auflage 2002, Rehm Verlagsgruppe, München.
Kuhla/Hüttenbrink: Der Verwaltungsprozess, 3. Auflage 2002, C.H. Beck Verlag, München.
Linhart: Schreiben, Bescheide und Vorschriften in der Verwaltung, 3. Auflage 1989, Loseblatt, Jehle-Verlag, München.
Pietzner/Ronellenfitsch: Das Assessorexamen im Öffentlichen Recht: Widerspruchsverfahren und Verwaltungsprozess, 12. Auflage 2009, Werner-Verlag, Düsseldorf.
Ramsauer: Die Assessorprüfung im Öffentlichen Recht, 6. Auflage 2007, C.H. Beck Verlag, München.
Redeker/v. Oertzen: Verwaltungsgerichtsordnung, 14. Auflage 2004, Kohlhammer Verlag, Stuttgart.
Schmitt Glaeser: Verwaltungsprozessrecht, 16. Auflage 2009, Boorberg Verlag, Stuttgart.
Schoch/Schmidt-Assmann/Pietzner (Hrsg): Verwaltungsgerichtsordnung, Kommentar, 19. Auflage 2010, C.H. Beck Verlag, München.
Sodan/Ziekow: Kommentar zur Verwaltungsgerichtsordnung, 3. Auflage 2010, Nomos-Verlag, Baden-Baden.
Thomas/Putzo: Zivilprozessordnung, 31. Auflage 2010, C.H. Beck Verlag, München.
Zöller: Zivilprozessordnung, 28. Auflage 2010, Dr. Otto Schmitt KG, Köln.

1 Der Verwaltungsprozess im Rechtsstaat

1.1 Das Rechtsstaatsprinzip

Das aus Art. 17, 19 Abs. 4 und 20 Abs. 3 GG abgeleitete **Rechtsstaatsprinzip** unterwirft die gesamte Staatsgewalt dem Recht. Insbesondere Art. 20 Abs. 3 GG bindet die vollziehende Gewalt an Recht und Gesetz (Grundsatz der **Gesetzmäßigkeit der Verwaltung**).

Das Rechtsstaatsprinzip garantiert die gegenseitige Kontrolle der Staatsgewalten, insbesondere aber die Kontrolle der Verwaltungstätigkeit durch unabhängige Gerichte (Art. 92 GG) und Parlamente.

Das Grundgesetz enthält in den Art. 92 ff. Bestimmungen über das **Gerichtsverfahrensrecht**. In den Art. 101 bis 104 GG sind die **justiziellen Grundrechte** niedergelegt. Hierzu zählen – soweit für das Verwaltungsgerichtsverfahren von Interesse – insbesondere

- das Verbot von Ausnahmegerichten und das Recht auf den **gesetzlichen Richter** (Art. 101 Abs. 1 GG),
- das Recht auf **rechtliches Gehör** (Art. 103 Abs. 1 GG).

1.2 Die Rechtswegegarantie

Das »formelle Hauptgrundrecht« des Art. 19 Abs. 4 GG beinhaltet als wesentlichen Faktor des Rechtsstaatsprinzips die Errungenschaft, sich gegen Rechtsverletzungen durch die öffentliche Gewalt im Rechtsweg wehren zu können (sog. **Rechtswegegarantie**). Wie alle anderen Grundrechte gilt auch dieses Grundrecht nicht schrankenlos. Es kann vielmehr nach Maßgabe der jeweils anwendbaren Prozessordnungen ausgeübt werden. Formale Zulässigkeitsvoraussetzungen, wie z. B. Form- und Fristvorschriften, sind zulässig.[1] Für verwaltungsgerichtliche Streitigkeiten sind die Bestimmungen der **Verwaltungsgerichtsordnung** – VwGO – maßgeblich.

Unabhängig davon steht jedermann das Grundrecht zu, sich einzeln oder in Gemeinschaft mit anderen mit Bitten oder Beschwerden an die zuständigen Stellen und an die Volksvertretung zu wenden (sog. **Petitionsrecht**, vgl. Art. 17 GG).

1 Vgl. BVerfGE 9, 199.

2 Der Aufbau der Verwaltungsgerichtsbarkeit

2.1 Die Gerichtsorganisation

Die allgemeine Verwaltungsgerichtsbarkeit wird durch unabhängige, von den Verwaltungsbehörden getrennte Gerichte ausgeübt (§§ 1, 3, 39 VwGO, § 1 GVG).

Gerichte der Verwaltungsgerichtsbarkeit sind in den Ländern die **Verwaltungsgerichte** und je ein **Oberverwaltungsgericht**[2], im Bund das **Bundesverwaltungsgericht** mit Sitz in Leipzig.

Bundesverwaltungsgericht

Oberverwaltungsgericht

Verwaltungsgericht | Verwaltungsgericht | Verwaltungsgericht

2.2 Der Rechtsweg

Der Rechtsweg zu den Verwaltungsgerichten ist gegeben (§ 40 VwGO)
- in allen **öffentlich-rechtlichen** Streitigkeiten[3]
- nichtverfassungsrechtlicher Art[4]
- soweit sie nicht einem anderen Gericht ausdrücklich zugewiesen sind.[5]

Nach § 54 BeamtStG ist der Verwaltungsrechtsweg für alle Klagen der (Landes-)**Beamten**, Ruhestandsbeamten, früheren Beamten und der Hinterbliebenen aus dem Beamtenverhältnis gegeben. Für Bundesbeamte enthält § 126 BBG eine vergleichbare Vorschrift. Für Klagen der **Dienstherrn** gilt Entsprechendes.

Hat ein Gericht den zu ihm beschrittenen Rechtsweg rechtskräftig für zulässig erklärt, sind andere Gerichte an diese Entscheidung gebunden. Ist der beschrittene Rechtsweg unzulässig, spricht das Gericht dies nach Anhörung der

2 In Baden-Württemberg, Bayern und Hessen führen die Oberverwaltungsgerichte die Bezeichnung Verwaltungsgerichtshof (§ 184 VwGO i. V. m. § 1 Abs. 1 AGVwGO (BW), Art. 1 Abs. 1 AGVwGO (BY), § 1 Abs. 1 S. 1 HessAGVwGO). Brandenburg und Berlin haben ein gemeinsames Oberverwaltungsgericht errichtet, vgl. § 3 BbgVwGG.

3 Zur Abgrenzung zum Privatrecht vgl. Kopp/Schenke, § 40 RdNr. 11 ff.

4 Nach h. M. Streitigkeiten, die unmittelbar am Verfassungsleben Beteiligte betreffen und sich auf Rechte und Pflichten beziehen, die unmittelbar in der Verfassung geregelt sind (sog. »doppelte Verfassungsunmittelbarkeit«, vgl. Kopp/Schenke, § 40 RdNr. 31 ff.).

5 Z. B. Finanzstreitigkeiten den Finanzgerichten (vgl. dazu auch unten 6.4.1), bestimmte sozialrechtliche Streitigkeiten den Sozialgerichten, Streitigkeiten nach strafprozessualen Maßnahmen der Polizei oder nach Erlass eines Bußgeldbescheids den ordentlichen Gerichten, Streitigkeiten mit Tarifbeschäftigten im öffentlichen Dienst den Arbeitsgerichten, vgl. näher Kopp/Schenke, § 40 RdNr. 48.ff.

Parteien von Amts wegen aus und **verweist** den Rechtsstreit durch **Beschluss** (vgl. dazu *unten 7.4*) zugleich an das zuständige Gericht des zulässigen Rechtsweges (vgl. §§ 17a, 17b GVG).

Beispiel:
»Das Verwaltungsgericht M erklärt den zu ihm beschrittenen Rechtsweg für unzulässig und verweist den Rechtsstreit auf Antrag des Klägers an das Arbeitsgericht S.«

2.3 Die Zuständigkeit

Die Zuständigkeit eines Verwaltungsgerichts für ein Streitverfahren richtet sich nach örtlichen (*2.3.1*) und sachlichen (*2.3.2*) Kriterien (§ 83 Satz 1 VwGO i.V. m. §§ 17 bis 17b GVG). Verneint das Gericht seine örtliche oder sachliche Zuständigkeit, so hat es sich nach Anhörung der Beteiligten für unzuständig zu erklären und die Sache durch (unanfechtbaren) **Beschluss** (vgl. dazu *unten 7.4*) an das örtlich bzw. sachlich zuständige Gericht zu **verweisen** (§ 83 Satz 2 i. V. m. § 17a Abs. 2, 3 GVG).

Beispiel:
»Das Verwaltungsgericht G erklärt sich für örtlich unzuständig und verweist den Rechtsstreit aus den den Beteiligten in der richterlichen Verfügung vom … mitgeteilten Gründen an das Verwaltungsgericht W.«

2.3.1 Die örtliche Zuständigkeit

Grundlegende Bestimmungen über die örtliche Zuständigkeit der Verwaltungsgerichte enthält § 52 VwGO.

Die **Verwaltungsgerichtsbezirke** ergeben sich im Einzelnen aus den maßgeblichen landesrechtlichen Vorschriften.

In unklaren Fällen richtet sich die Bestimmung des zuständigen Gerichts nach § 53 VwGO.

2.3.2 Die sachliche Zuständigkeit

Für die Bestimmung der sachlichen Zuständigkeit gelten Vorschriften der VwGO und des Landesrechts.

Die **Verwaltungsgerichte** entscheiden im **ersten Rechtszug** über alle Streitigkeiten, für die der Verwaltungsrechtsweg (*s. oben 2.2*) offen steht (§ 45 VwGO).

Die Länder können den Verwaltungsgerichten Aufgaben der **Disziplinargerichtsbarkeit** und der Schiedsgerichtsbarkeit bei Vermögensauseinandersetzungen öffentlich-rechtlicher Verbände übertragen, diesen Gerichten **Berufsgerichte** angliedern (z. B. das Berufsgericht für Heilberufe) sowie dabei die Besetzung und das Verfahren regeln (§ 187 Abs. 1 VwGO). Die Länder können außerdem für das **Personalvertretungsrecht** besondere Regelungen erlassen (§ 187 Abs. 2 VwGO).

Hinweis:

Auf die Wiedergabe der Ausführungsgesetze der Länder wird hier verzichtet.

Das **Oberverwaltungsgericht** ist im **zweiten Rechtszug** zuständig für Entscheidungen über Rechtsmittel gegen (erstinstanzliche) Entscheidungen der Verwaltungsgerichte (§ 44 VwGO). Es ist im **ersten Rechtszug** zuständig für
- Normenkontrollverfahren (§ 47 VwGO),
- die in § 48 VwGO aufgeführten besonderen Streitigkeiten,
- Streitigkeiten über die behördliche Vorlage- und Auskunftspflicht (§ 99 Abs. 2 Satz 1 bis 11 VwGO).

Das **Bundesverwaltungsgericht** entscheidet zum einen über das Rechtsmittel der Revision bzw. der Nichtzulassung dieses Rechtsmittels durch Instanzgerichte (§ 49 VwGO). Zum anderen entscheidet es im **ersten und letzten Rechtszug** über die in §§ 50, 51 VwGO genannten Streitigkeiten. Ferner ist es Beschwerdegericht für Entscheidungen der Oberverwaltungsgerichte über die behördliche Vorlage- und Auskunftspflicht (§ 99 Abs. 2 Satz 12 bis 14 VwGO).

2.4 Die Spruchkörper

Das Verwaltungsgericht besteht aus dem **Präsidenten** und aus den **Vorsitzenden Richtern** und weiteren **Richtern** in erforderlicher Anzahl (§ 5 Abs. 1 VwGO).[6] Bei den Verwaltungsgerichten sind **Kammern** gebildet, die in der **Besetzung** von drei Richtern und zwei ehrenamtlichen Richtern (vgl. §§ 44 ff. DRiG und §§ 19 bis 34 VwGO) entscheiden, soweit nicht ein Einzelrichter entscheidet (wie es z. B. in verwaltungsgerichtlichen **Eilverfahren** möglich sein kann, *vgl. unten 7.4.2 und 7.4.3*). Die ehrenamtlichen Richter wirken nur bei **Urteilen** mit, nicht bei Beschlüssen außerhalb der mündlichen Verhandlung und bei Gerichtsbescheiden (§ 5 Abs. 2, 3 VwGO). Die Kammer kann einen Rechtsstreit durch Beschluss einem ihrer Mitglieder als Einzelrichter übertragen (Einzelheiten in § 6 VwGO).

Das **Oberverwaltungsgericht** (bzw. der Verwaltungsgerichtshof, *vgl. oben 2.1*) besteht aus dem **Präsidenten**, aus den **Vorsitzenden Richtern** und weiteren **Richtern** in erforderlicher Anzahl (§ 9 Abs. 1 VwGO). Bei den Oberverwaltungsgerichten sind Senate gebildet, die grundsätzlich in der Besetzung von drei Richtern, ausnahmsweise, d. h. wenn das Landesrecht es so bestimmt, auch in der Besetzung von fünf Richtern entscheiden, von denen zwei auch ehrenamtliche Richter sein können (§ 9 Abs. 3 VwGO; zum **Großen Senat** beim Oververwaltungsgericht vgl. § 12 i. V. m. § 11 VwGO).

Das **Bundesverwaltungsgericht** besteht aus dem **Präsidenten**, aus den **Vorsitzenden Richtern** und weiteren **Richtern** in erforderlicher Anzahl (§ 10 Abs. 1 VwGO). Bei dem Bundesverwaltungsgericht sind **Senate** gebildet, die in

6 Näheres zum Richterverhältnis in §§ 8 ff. DRiG. Richter auf Lebenszeit sind daran erkennbar, dass sie die Amtsbezeichnung »(Vorsitzender) Richter am (Bundes- bzw. Ober- bzw.)Verwaltungsgericht« führen. Richter auf Probe führen nur die Bezeichnung »Richter«, vgl. § 19a DRiG.

der **Besetzung** von fünf Richtern, bei Beschlüssen außerhalb der mündlichen Verhandlung in der Besetzung von drei Richtern entscheiden (§ 10 Abs. 2, 3 VwGO; zum **Großen Senat** beim Bundesverwaltungsgericht vgl. § 11 VwGO).

2.5 Die Geschäftsverteilung

Für die Gerichte der Verwaltungsgerichtsbarkeit gelten die Vorschriften der §§ 21a bis 21j GVG (Allgemeine Vorschriften über das **Präsidium** und die **Geschäftsverteilung**) entsprechend (§ 4 VwGO). Das Präsidium bestimmt die Besetzung der Spruchkörper, regelt die Vertretung und verteilt die Geschäfte (vgl. § 21e GVG). Der **Geschäftsverteilungsplan** des Gerichts ist in einer Geschäftsstelle des Gerichts zur Einsichtnahme aufzulegen; einer Veröffentlichung bedarf es nicht (§ 21e Abs. 9 GVG).

Innerhalb eines mit mehreren Richtern besetzten Spruchkörpers werden die Geschäfte durch Beschluss aller Berufsrichter, die dem Spruchkörper angehören, auf die Mitglieder verteilt (§ 21g GVG).

Eine (förmliche) **Verweisung** von Vorgängen (*vgl. oben 2.2 und 2.3*) findet zwischen den Kammern bzw. Senaten desselben Gerichts nicht statt. Vielmehr wird eine Sache formlos an den zuständigen Spruchkörper **abgegeben.**

Muster: Verfahrensabgabe

Übernahmeverfügung

Verwaltungsgericht

Az.: ________ K/E ________ / ________

Vfg.

Herrn/Frau Vorsitzende(n) der ______ Kammer mit der Bitte um Übernahme vorgelegt. Nach dem Geschäftsverteilungsplan dürfte die Zuständigkeit der _______ Kammer gegeben sein.

____

Datum, Unterschrift

Vfg.

1. Die Sache wird von der ... Kammer übernommen.
2. Zu(m)/r Berichterstatter(in) wird unter Erteilung des Auftrages nach § 87 VwGO bestimmt Richter(in) ______________
3. EDV: Neues Aktenzeichen vergeben
4. GS: Neues Aktenzeichen allen Beteiligten mitteilen
5. Wiedervorlage ______________

____

Datum, Unterschrift

2.6 Die Geschäftsstellen

Bei allen Verwaltungsgerichten sind **Geschäftsstellen** eingerichtet. Sie sind mit der erforderlichen Anzahl von **Urkundsbeamten** besetzt (§ 13 VwGO). Urkundsbeamte der Geschäftsstelle sind Beamte des gehobenen und mittleren Justizdienstes oder Angestellte. Ihre Aufgabe besteht u. a. in der **Protokollführung** (*vgl. unten 5.6.6*) und in der **Kostenfestsetzung** (§ 164 VwGO; vgl. dazu *unten 7.4.5*).

2.7 Die Dienstaufsicht

Die Verwaltungsgerichte unterstehen der **Dienstaufsicht** des **Landesjustizministeriums.** Der Präsident des jeweiligen Gerichts übt die Dienstaufsicht über die ihm unterstellten Richter, Beamten, Angestellten und Arbeiter aus. Übergeordnete Dienstaufsichtsbehörde für die Verwaltungsgerichte ist der Präsident des Oberverwaltungsgerichts (§ 38 VwGO).

2.8 Die Öffentlichkeit und die Sitzungspolizei

Die Vorschriften des GVG über Öffentlichkeit und Sitzungspolizei gelten entsprechend (§ 55 VwGO).

Nach diesen Bestimmungen und den sie ergänzenden Vorschriften der VwGO ist die **Verhandlung** vor dem erkennenden Gericht (§§ 101 ff. VwGO) einschließlich der Verkündung (§ 116 VwGO) der Urteile und Beschlüsse öffentlich. Ton- und Fernseh-Rundfunkaufnahmen sowie Ton- und Filmaufnahmen zum Zwecke der öffentlichen Vorführung oder Veröffentlichung ihres Inhalts sind unzulässig (§ 169 GVG).

Zulässig ist aber eine Verhandlung im Wege der Bild- und Tonübertragung, wenn Prozesshandlungen an einem anderen Ort als dem Verhandlungsraum vorgenommen werden sollen (»Videoverhandlung« nach § 173 VwGO i. V. m. § 128a ZPO).

☞ Üblicherweise hängen am Eingang zum Gerichtsgebäude und/oder vor den Sitzungssälen **Terminzettel**, aus denen die Besetzung des Gerichts und die einzelnen Verhandlungstermine ersichtlich sind.

Muster: Terminzettel

Verwaltungsgericht Kirchheim
Öffentliche Sitzung
der 2. Kammer
am 5. Oktober 2011
im Sitzungssaal 102

Besetzung des Gerichts

1. Vorsitzender Richter am Verwaltungsgericht Hammer
2. Richterin am Verwaltungsgericht Zange
3. Richter Dübel
4. ehrenamtlicher Richter Nobert Nagel
5. ehrenamtliche Richterin Katharina Keil

Verhandlungstermine

1. 09:00 Uhr	**Mündliche Verhandlung**	**2 K 509/10.Ki**
der Klage von	**Simone Kellner** bevollm.: Rechtsanwälte Zimmermann und Partner	
gegen	**Stadt Kirchheim, vertreten durch den Oberbürgermeister**	
beteiligt:	Der Vertreter des öffentlichen Interesses beim Oberverwaltungsgericht	
wegen	**Verkehrsrechts**	
2. 10:00 Uhr	**Mündliche Verhandlung**	**2 K 104/11.Ki**
der Klage von	**Christine Krug** bevollm.: Rechtsanwalt Seidel	
gegen	**Stadt Berghausen, vertreten durch den Oberbürgermeister**	
wegen	**Erstattung von Abschleppkosten**	
3. 11:00 Uhr	**Mündliche Verhandlung**	**2 K 1459/09.Ki**
der Klage von	**Holger Gehrmann** bevollm.: Rechtsanwälte Redlich und Prell	
gegen	**Stadt Kirchheim, vertreten durch den Oberbürgermeister**	
wegen	**Gebührenrechts**	

Die Öffentlichkeit ist gewahrt, wenn die Verhandlung in Räumen stattfindet, die während der Dauer der Verhandlung grundsätzlich jedermann zugänglich sind; diese Voraussetzung ist etwa auch dann erfüllt, wenn ein verschlossenes

Tor passiert werden muss, durch das Zuhörer sich mithilfe einer Klingel Zugang verschaffen können.[7]

Die Öffentlichkeit kann in bestimmten Fällen ausgeschlossen, einzelnen Personen der Zutritt versagt werden (§§ 170 ff., 175 GVG).

Die Aufrechterhaltung der Ordnung obliegt dem Vorsitzenden (sog. **Sitzungspolizei**; § 176 GVG). Dieser kann hierzu die in §§ 177 ff. GVG näher bezeichneten Maßnahmen anordnen. Die Anwendung unmittelbaren Zwangs durch Justizwachtmeister richtet sich nach landesrechtlichen Bestimmungen bzw. – beim Bundesverwaltungsgericht – nach dem Gesetz über den unmittelbaren Zwang bei Ausübung öffentlicher Gewalt durch Vollzugsbeamte des Bundes (UZwG).

Von den vorstehenden Möglichkeiten bleibt das **Hausrecht** des Gerichtspräsidenten unberührt.[8]

2.9 Die Aktenführung

Akten bilden eine wesentliche Grundlage der richterlichen Tätigkeit. Sie geben in geordneter Form den Ablauf eines verwaltungsgerichtlichen Streitverfahrens wieder.

Die für das Verfahren maßgeblichen Angaben werden als sog. **Stammdaten** mit Eignung zur elektronischen Datenverarbeitung erfasst. Aus der Erfassung sind u. a. ersichtlich:

- das **Aktenzeichen**,
- das **Rechtsgebiet**, dem der **Streitgegenstand** zuzuordnen ist,
- der **Kläger/Antragsteller**,
- der **Beklagte/Antragsgegner**,
- etwaige **Bevollmächtigte** und sonstige **Beteiligte** (z. B. Beigeladene, VöI).

☞ Das **Aktenzeichen** ist das wesentliche Ordnungsmerkmal einer Gerichtsakte. Es sollte bei sämtlichem Schriftverkehr angegeben werden, um in jeder Phase des Verfahrens eine zweifelsfreie und korrekte Bearbeitung zu ermöglichen (*vgl. unten 5.2*). Die Aktenzeichen der Verwaltungsgerichte sind nach bestimmten Mustern einheitlich (aber nicht bundeseinheitlich) aufgebaut.

Beispiel:

2 K 734/11We

Aus dem Registrierzeichen »K« geht hervor, dass es sich um ein Klageverfahren handelt. Dieses Verfahren läuft in der 2. Kammer (»2«) des Verwaltungsgerichts Weimar (»We«) und trägt die laufende Nummer 734 aus dem Jahr 2011.

7 BVerwG in st. Rspr., DVBl. 1999, 95.
8 Vgl. dazu beispielsweise BVerfG, NJW-RR 2007, 1053.

Beispiel:

3 ZKO 341/09

Das Verfahren mit diesem Aktenzeichen ist ein Verfahren auf Zulassung der Berufung. Es ist beim dritten Senat des Thüringer Oberverwaltungsgerichts anhängig und trägt die laufende Nummer 341 aus dem Jahre 2009.

Einzelheiten der Aktenführung regeln **Aktenordnungen**, die die Landesjustizverwaltungen als Verwaltungsvorschriften für ihren jeweiligen Geltungsbereich erlassen haben.

Die zuständigen Ministerien (*vgl. oben 2.7*) und das Statistische Bundesamt haben im Jahre 1993 beschlossen, eine »Anordnung über die Zählkartenerhebung in der Verwaltungsgerichtsbarkeit (VwG-Statistik)« einzuführen. Alle Senate der Oberverwaltungsgerichte und alle Kammern der Verwaltungsgerichte erheben danach über sämtliche bei ihnen anhängigen Verfahren einheitliche statistische Daten. Die Streitgegenstände erhalten je nach Sachgebiet Ordnungsnummern, die die Grundlage der Erhebung bilden (*vgl. die VwG-Statistik 1. Januar 2012. Diese senden wir Ihnen auf Anfrage gerne per E-Mail zu. Richten Sie bitte hierzu Ihre Anfrage mit dem Betrefff »VwG-Statistik« an ordnungsrecht@wolterskluwer.de*).

Beispiel:

1300	*Recht des öffentlichen Dienstes*		
	1310	*Recht der Bundesbeamten*	
		1311	*Laufbahnprüfungen*
		1312	*Beförderungen*
		1313	*Versetzungen und Abordnungen*
		1314	*Besoldung und Versorgung*
		1315	*Beihilfe, Reise- und Umzugskostenvergütungen, Trennungsentschädigungen*

Muster Stammdatenblatt

Anordnung der Justizministerien über die Erhebung von statistischen Daten in der Verwaltungsgerichtsbarkeit. Stand: 1. Januar 2011

Katalog der Sachgebietsschlüssel

Erläuterung: Maßgebend für die Eintragung des Schlüssels ist der Schwerpunkt des Verfahrens. Für nachträgliche Änderungen des Sachgebiets gilt § 5.

Die Schlüssel für die Sachgebiete sind vierstellig. Die ersten beiden Stellen bilden die Geschäftsnummern nach PEBB§Y-Fach ab (z. B. 05 00 »Polizei-, Ordnungs- und Wohnrecht«), die 3. Stelle die Untergruppe (z. B. 05 20 »Ordnungsrecht«) und die letzte Stelle das Einzelsachgebiet (z. B. 05 21 »Maßnahmen nach dem Gewaltschutzgesetz«).

Treffen innerhalb einer Geschäftsnummer nach PEBB§Y-Fach mehrere Schlüssel zu, so hat das Einzelsachgebiet Vorrang vor der Untergruppe, die Untergruppe Vorrang vor der Geschäftsnummer. Z. B. sind bei einem Verfahren über Kommunalaufsichtsrecht (Nr. 01 42) nicht die Schlüssel 01 40 (Kommunalrecht) oder 01 00 (Parlaments-, Wahl- und Kommunalrecht; Recht der juristischen Körperschaften des öffentlichen Rechts, Staatsaufsicht) für die Verfahrenserhebung einzutragen, sondern der Schlüssel 01 42.

Treffen mehrere Untergruppen bzw. Einzelsachgebiete innerhalb einer Geschäftsnummer zu, so ist diese bzw. die gemeinsame Untergruppe einzutragen.

Treffen Schlüssel aus verschiedenen Geschäftsnummern zu, so ist der Schlüssel aus der spezielleren Geschäftsnummer für die Verfahrenserhebung einzutragen. Z. B. sind in einem Verfahren wegen kommunaler Steuern (Nr. 11 11) weder die Schlüssel 11 10 (Steuern) oder 11 00 (Abgabenrecht) noch die Schlüssel 01 40 oder 01 00 (s. o.), sondern der Schlüssel 11 11 für die Verfahrenserhebung einzutragen.

Bei einem selbstständig beantragten Prozesskostenhilfeverfahren ist der Schlüssel desjenigen Sachgebiets einzutragen, dem der spätere Antrag oder die Klage zur Hauptsache zuzuordnen wäre.

Bestehen Schwierigkeiten beim Ausfüllen dieses Abschnitts, kann der Richter befragt werden.

Parlaments-, Wahl- und Kommunalrecht; Recht der juristischen Körperschaften des öffentlichen Rechts, Staatsaufsicht	01 00
Parlamentsrecht	01 10
Europa-, Bundestags- und Landtagswahlrecht	01 20
Parteienrecht	01 30
Kommunalrecht	01 40
Verfassung, Verwaltung und Organisation der Gemeinden und Gemeindeverbände/kommunalen Gebietskörperschaften	01 41
Kommunalaufsichtsrecht	01 42
Kommunalwahlrecht	01 43
Finanzausgleich	01 44
Bestattungs- und Friedhofsrecht	01 46
Sparkassenrecht	01 50
Staatsaufsicht über nichtkommunale juristische Personen des öffentlichen Rechts	01 60

Hinweis: vom Abdruck der weiteren Kennzahlen wird abgesehen

Verwaltungsgericht

STAMMDATENERFASSUNGSBLATT

Eingangsdatum ____________________

☐	K	Klageverfahren	☐	S1	Sonstige Verfahren (ohne AR)
☐	E1	hier: Antrag nach § **123 VwGO**	☐	S2	Selbstständiger PKH Antrag für ein **Klageverfahren**
☐	E2	hier: Antrag nach § **80 Abs. 5 VwGO**	☐	S3	Selbstständiger PKH-Antrag für ein Eilverfahren
☐	E3	hier: Antrag nach § **35 WPflG**	☐	NC	Numerus clausus-Eilverfahren hier: **Antrag nach § 123 VwGO**
☐	E4	hier: Antrag nach § **74 ZDG**	☐	V	Vollstreckungsverfahren
☐	E5	hier: Antrag nach § **80 Abs. 7 VwGO**	☐	AR	Allg. Register
☐	E7	hier: Antrag nach § **80a Abs. 3 VwGO**			

Streitgegenstand gemäß Liste: ____________________ Gemeinde/ Landkreis: ____________________

Kläger(in)/Antragsteller(in):

Wie Klageschrift: ____________________ Vollmacht Bl.: ____________________

____

____

Beklagte(r)/Antragsgegner(in):

Wie Klageschrift: ____________________ ____________________

Bundesrepublik Deutschland, vertr. durch ____________________

____

Freistaat Thüringen, vertr. durch ____________________

____

Landkreis ____________________, vertreten durch den Landrat

Stadt ____________________, vertr. durch den (Ober)Bürgermeister

Gemeinde ____________________, vertr. durch den Bürgermeister

Aktenzeichen: ____________________

☐ **Beigeladene(r):** wie beiliegender Beschluss

Beteiligt: ☐ Völ ☐ BBfA

☐ Berichterstatter/in: ____________________ ☐ Sachbearbeiter/in: ____________________

__________ 20 ____

3 Die beteiligten Personen

Anders als der Zivilprozess kennt der Verwaltungsprozess terminologisch keine Parteien, auch keine Prozessbevollmächtigten. Die VwGO spricht vielmehr von Beteiligten bzw. von **Bevollmächtigten.**[9]

Außer den sog. **Gerichtspersonen** können an einem Verwaltungsgerichtsprozess weitere Personen beteiligt sein. In § 63 VwGO sind die **Hauptbeteiligten** (Beteiligte i. e. S.) genannt:

- Kläger (§ 63 Nr. 1 VwGO),
- Beklagter (§ 63 Nr. 2 VwGO),
- Beigeladener (§ 63 Nr. 3 VwGO),
- Vertreter des Bundesinteresses beim Bundesverwaltungsgericht oder Vertreter der öffentlichen Interesses, falls er von seiner Beteiligungsbefugnis Gebrauch macht (§ 63 Nr. 4 VwGO).

Abgesehen von den Beteiligten i. e. S. können noch andere Personen an einem Verwaltungsgerichtsprozess mitwirken:

- Bevollmächtigte und Beistände,
- Zeugen,
- Sachverständige,
- Urkundsbeamte der Geschäftsstelle,
- Dolmetscher.

3.1 Die Gerichtspersonen

Gerichtspersonen sind die mit der Entscheidung eines Verwaltungsrechtsstreits befassten (Berufs- und ehrenamtlichen) **Richter**. Sie können nach § 54 VwGO i. V. m. §§ 41 bis 49 ZPO von einem Verfahren **ausgeschlossen** sein oder wegen Besorgnis der **Befangenheit abgelehnt** werden.

Jede Rechtsstreitigkeit ist aufgrund der gerichtsinternen Geschäftsverteilung einem bestimmten Spruchkörper zugewiesen, z. B. einer Kammer beim Verwaltungsgericht. Innerhalb des zuständigen Spruchkörpers obliegt die Bearbeitung dem aufgrund der Geschäftsverteilung zuständigen Berufsrichter (**Berichterstatter, Vorsitzender** bzw. Vorsitzender als Berichterstatter, vgl. §§ 86, 87a, 87b VwGO; *s. oben 2.5*).

3.2 Der Kläger

»Wo kein Kläger, da kein Richter.« Diese Weisheit gilt auch für den Verwaltungsprozess. Das Verwaltungsgericht kann die Tätigkeit der Verwaltung nicht von sich aus von Amts wegen überprüfen. Allein der Kläger bestimmt, ob,

9 Beachte jedoch die uneinheitliche Terminologie in §§ 67, 67a VwGO.

wann und in welchem Umfang Klage erhoben wird. Er setzt mit der **Klageerhebung** das verwaltungsgerichtliche Verfahren in Gang (§ 90 VwGO). Er bestimmt den **Streitgegenstand** und die prozessualen Anträge (§ 88 VwGO). Er kann die **Klage ändern** (§ 91 VwGO) und **zurücknehmen** (§ 92 VwGO). Er kann das Verfahren ganz oder teilweise für **erledigt erklären** (vgl. § 161 Abs. 2 VwGO), einen **Vergleich** schließen (§§ 106, 160 VwGO) und ist grundsätzlich auch befugt, **Rechtsmittel** zu ergreifen (§§ 124 ff., 146 ff. VwGO, § 68 GKG).

Voraussetzung der Klägereigenschaft ist u. a. die Fähigkeit, Prozesshandlungen wirksam vornehmen zu können (*vgl. dazu unten 4.*).

Stirbt der Kläger, so wird das Verfahren nicht gemäß § 173 VwGO i. V. m. § 239 Abs. 1 ZPO unterbrochen, wenn der Kläger durch einen Bevollmächtigten vertreten war. In diesem Fall führen die – zunächst noch unbenannten – Erben das Verfahren weiter.[10]

3.3 Der Beklagte

Beklagter ist derjenige, gegen den der Kläger ein verwaltungsgerichtliches Verfahren angestrengt hat.

Voraussetzung der Beklagteneigenschaft ist u. a. die Fähigkeit, Prozesshandlungen wirksam vornehmen zu können (*vgl. dazu unten 4.*).

Ob in einem Verwaltungsgerichtsverfahren der »richtige« Beklagte verklagt wurde, ist eine Frage der sog. Passivlegitimation (*vgl. dazu unten 6.3.1*).

3.4 Der Beigeladene

Beigeladene sind »andere, deren rechtliche Interessen durch die Entscheidung berührt werden« (§ 65 VwGO). Solche Personen haben zwar weder die Stellung des Klägers noch eines Beklagten; die Entscheidung in einem anhängigen Verwaltungsgerichtsprozess kann aber Auswirkungen auf ihre rechtlichen Interessen haben, zumal sich die Rechtskraft auf sie erstreckt (vgl. § 121 VwGO). Deshalb erhalten sie zur Wahrung ihrer Interessen die Möglichkeit, auf der Seite des Klägers oder des Beklagten zu »kämpfen« und den Ausgang des Prozesses zu beeinflussen.

Weil Beigeladene Verfahrenshandlungen vornehmen, insbesondere auch selbstständig Anträge stellen können (§ 66 VwGO), müssen sie die Fähigkeit zur wirksamen Vornahme von Prozesshandlungen haben (*vgl. dazu unten 4.*).

Die Beiladung erfolgt entweder auf Antrag anderer Beteiligter oder von Amts wegen durch (unanfechtbaren) Beschluss (§ 65 VwGO; *vgl. auch unten 5.4.3*).

10 BVerwG, Beschl. v. 24.9.2009 – 20 F 6/09.

3.5 Der Vertreter des öffentlichen Interesses

Der Bund und die Länder Bayern, Rheinland-Pfalz und Thüringen haben die von der VwGO vorgesehene Möglichkeit genutzt und Institutionen geschaffen, die sich aus eigener Initiative an Verwaltungsstreitverfahren beteiligen können (§§ 35 bis 37 VwGO).[11] Der VöI (bzw. der Vertreter des Bundesinteresses beim Bundesverwaltungsgericht, § 35 VwGO) beteiligt sich am Verfahren durch einfache Erklärung gegenüber dem Gericht (§§ 36, 63 Nr. 4 VwGO). Er ist nicht parteiischer Vertreter der Interessen der übrigen Beteiligten, insbesondere darf er grundsätzlich nicht die am Verfahren beteiligten Behörden vertreten.[12] Vielmehr hat er (unparteiisch) übergeordnete Belange des Gemeinwohls zu wahren, etwa auch Aspekte der materiellen Gerechtigkeit und der Rechtssicherheit. Der VöI kann sich an verwaltungsgerichtlichen Verfahren beteiligen, wenn

- durch die im Verfahren zu entscheidenden Fragen das öffentliche Interesse wesentlich berührt wird (z. B. wenn es um die Gültigkeit einer Rechtsnorm oder um die sachliche Zuständigkeit von Behörden geht) und
- das öffentliche Interesse nicht bereits durch den Kläger, Beklagten oder Beigeladenen oder deren Bevollmächtigten ausreichend gewahrt wird.

Der VöI kann Anträge stellen und – auch ohne beschwert zu sein – selbstständig Rechtsmittel einlegen. Die VwGO regelt in den §§ 35 bis 37 und in § 174 weitere Einzelheiten.[13]

11 Außerdem konnte sich früher der **Bundesbeauftragte für Asylangelegenheiten** an den Asylverfahren vor den Gerichten der Verwaltungsgerichtsbarkeit beteiligen, vgl. § 6 AsylVfG a. F.; BVerwG, BayVBl. 1987, 698; BVerwGE 67, 64; OVG Münster v. 6.5.1998 – 23 A 593/92 A. Zu den Einzelheiten vgl. Benkel, S. 65 ff.

12 Ausnahme ist die Landesanwaltschaft im Freistaat Bayern, vgl. Kopp/Schenke, § 36 RdNr. 1 ff. In einigen anderen Ländern bestanden bis vor kurzem ebenfalls Staatsanwaltschaften bzw. Landesanwaltschaften, die zur Prozessvertretung von Behörden berufen waren, vgl. Berner, Zur Vertretung des öffentlichen Interesses und des beklagten Staates in Baden-Württemberg und Bayern, BayVBl. 1981, 129 ff.; Rzepka, Öffentliches Interesse im Sinne der §§ 35 ff. VwGO, BayVBl. 1992, 295 ff; Kopp, Der Vertreter des öffentlichen Interesses als Vertreter des Landes in verwaltungsrechtlichen Streitigkeiten, BayVBl. 1994, 201 ff.; Guckelberger, Vor- und Nachteile eines Vertreters des öffentlichen Interesses, BayVBl. 1998, 257 ff.; Ebert, Die Vertretung des öffentlichen Interesses im Freistaat Thüringen, KommP MO 2001, 248 ff.

13 Aus der umfangreichen Rechtsprechung vgl. BVerwGE 3, 321; 12, 119; 13, 245; 15, 316; 16, 265; 25, 170; 31, 5; 36, 188; 67, 64; BayVGH, BayVBl. 1981, 368; ThürOVG, DVBl. 1999, 184.

Muster: Beteiligungserklärung des VöI

DER VERTRETER DES ÖFFENTLICHEN INTERESSES BEI DEM OBERVERWALTUNGSGERICHT KIRCHHEIM

(Datum)

Verwaltungsgericht Kirchheim
– 2. Kammer –
Maria-Hilf-Platz 2

12234 Kirchheim

Verwaltungsgerichtsverfahren

Holger Gehrmann

gegen

Stadt Kirchheim

wegen
Ordnungsrechts
Az. 2 K 1459/09.Ki

Anlagen: 3 Abdrucke dieses Schreibens
1 Stellungnahme des Innenministeriums in Kopie (4-fach)

Ich erkläre meine Beteiligung an o. a. Verwaltungsstreitverfahren und bitte um Zustellung des künftigen Schriftwechsels. Ich rege an, die Stammdaten entsprechend zu berichtigen.

Zum Streitgegenstand habe ich die Stellungnahme des Innenministeriums vom ... eingeholt, die ich beigefügt überreiche. Dem in dieser Stellungnahme niedergelegten Rechtsstandpunkt schließe ich mich an.

Darüber hinaus merke ich an, ...

Einen Antrag stelle ich derzeit nicht.

(Unterschrift)

3.6 Der Bevollmächtigte und der Beistand

Für das Verfahren vor den Verwaltungsgerichten besteht **kein »Vertretungszwang«**. Vielmehr kann jeder Beteiligte seine Verfahrensrechte höchstpersönlich wahrnehmen (§ 67 Abs. 1 VwGO). Zu den Besonderheiten für **Behörden** *vgl. unten 4.3 und 5.4.7.*

Jeder Beteiligte *kann* sich aber auch in jeder Lage des (erstinstanzlichen) Verfahrens durch einen **Bevollmächtigten** vertreten lassen (§ 67 Abs. 2 VwGO).

Die **Besorgung fremder Rechtsangelegenheiten** kann den Anforderungen des Rechtsdienstleistungsgesetzes unterliegen.

☞ Vor dem Bundesverwaltungsgericht und vor dem Oberverwaltungsgericht *muss* sich hingegen grundsätzlich jeder Beteiligte durch einen **Rechtsanwalt** oder **Rechtslehrer an einer deutschen Hochschule** mit Befähigung zum Richteramt als Bevollmächtigten vertreten lassen. Das Vertretungserfordernis gilt jedoch nur, soweit **Anträge gestellt** werden. Es gilt z. B. nicht für Prozesshandlungen vor dem Urkundsbeamten der Geschäftsstelle, für die Beantragung von Prozesskostenhilfe (§ 67 Abs. 4 Satz 1 VwGO), die Streitwertbeschwerde (§ 66 Abs. 5 Satz 1 GKG), den Verzicht oder die Rücknahme von Rechtsmitteln und für alle außergerichtlichen Handlungen.[14] **Juristische Personen des öffentlichen Rechts** und **Behörden** können sich auch durch **Beamte** oder **Angestellte mit Befähigung zum Richteramt**[15] – auch solche anderer Behörden (§ 67 Abs. 2 Satz 2 Nr. 1 VwGO) – vertreten lassen (§ 67 Abs. 2, 4 VwGO; dort auch zu weiteren Vertretungsformen).

Der VöI ist vom Anwaltszwang ausgenommen.[16]

☞ Bevollmächtigte **Behördenbedienstete** sollten über hinreichende Kenntnisse im Verwaltungsprozessrecht verfügen. Behördenintern haben sie zumeist den Prozessstoff in tatsächlicher Hinsicht zusammenzustellen und aus rechtlicher Sicht vorbereitende **Schriftsätze** mit entsprechender rechtlicher Würdigung (§ 86 Abs. 4 VwGO) zu erarbeiten (*vgl. dazu auch unten 5.3*). In der **mündlichen Verhandlung** müssen sie ihre Behörde möglichst souverän vertreten. Sie sollten in der Lage sein, präzise Anträge zu formulieren und gegenüber dem Gericht Planungs- und Entscheidungsvorgänge wie insbesondere die Entstehung von Verwaltungsentscheidungen in ihrer Behörde nachvollziehbar darzulegen. Rhetorische Fähigkeiten sind ebenso gefragt wie Verhandlungsgeschick und die Eigenschaft, angemessen auf Fragen zu reagieren und zu antworten (*vgl. dazu auch unten 5.4.1*). Im Rechtsmittelverfahren ist die Befähigung des Behördenvertreters zum Richteramt unerlässlich (vgl. § 67 Abs. 4 VwGO).

☞ Auch Behörden können **Rechtsanwälte** (insbesondere Fachanwälte für Verwaltungsrecht) beauftragen. Im Verhältnis zwischen Anwalt und Mandant besteht ein privatrechtlicher Dienstvertrag (§§ 611 ff. BGB). Wegen der Pflicht zur Honorarzahlung an den Anwalt sollte ein solcher Vertrag vor seinem Abschluss haushaltsrechtlich abgesichert werden. Für die Ausgestaltung des Mandats gelten insbesondere die Vorschriften der Bundesrechtsanwaltsordnung, die Berufsordnung für Rechtsanwälte[17] und die Fachanwaltsordnung für Rechtsanwälte.[18] Die Berufs- und Grundpflichten des Rechtsanwalts regeln die §§ 43, 43a BRAO. Zur Erteilung einer **Vollmacht** *vgl. unten 4.3.*[19]

14 Vgl. auch § 14 Abs. 6 S. 1 KostO; § 4 Abs. 6 S. 1 JVEG und § 11 Abs. 6 S. 1 RVG. Siehe näher *unten 8.2.*
15 Vgl. §§ 5 bis 7 DRiG.
16 Vgl. Kopp/Schenke, § 67 RdNr. 9.
17 i. d. F. d. Bek. v. 1.11.2001 m. spät. Änd.
18 i. d. F. d. Bek. v. 22.3.1999 m. spät. Änd.
19 Vgl. allgemein Johlen, Der Anwalt im Verwaltungsprozess, DÖV 2001, 582.

Angesichts der Vielzahl zugelassener Rechts- und Fachanwälte stellt sich oft die Frage nach dem »richtigen« Anwalt. Die Gerichte dürfen aus Gründen der Neutralität keine Empfehlungen abgeben. Eine Suche ist über das Anwalts- oder das Branchenverzeichnis, das Internet, einen Rechtsanwalt-Suchdienst (www.anwalt24.de) oder über die Rechtsanwaltskammern der Länder möglich.

Dritte Personen können zur Unterstützung eines Beteiligten oder Zeugen als **Beistand** tätig werden (§ 67 Abs. 7 VwGO; vgl. auch § 173 VwGO i. V. m. § 90 ZPO). Ein Beistand dient entweder als Ersatz für einen Bevollmächtigten (§ 67 Abs. 7 Satz 2 VwGO) oder seine Zulassung ist sachdienlich und bedarfsgerecht (§ 67 Abs. 7 Satz 3 VwGO). Beispielsweise können Bedienstete oder Fachabteilungen sachdienliche Beistände des bevollmächtigten Rechtsamtsleiters sein. Im Unterschied zum Bevollmächtigten gibt der Beistand keine eigenen Prozesserklärungen ab. Sein Vortrag wird allerdings dem Beteiligten zugerechnet, wenn dieser nichts sofort protestiert (§ 67 Abs. 7 Satz 5 VwGO).

3.7 Der Zeuge

Zeugen sind **Beweismittel** zur Aufklärung eines Sachverhalts (§ 96 VwGO; § 98 VwGO i. V. m. §§ 373 ff. ZPO; *vgl. dazu unten 5.5*). Es handelt sich um Personen, die nicht (Haupt-)Beteiligte im Sinne von § 63 VwGO sind. Das Gericht vernimmt Zeugen über ihre eigenen Wahrnehmungen.

Der Zeuge hat die **Pflicht**,

- vor Gericht auf **Ladung** (§ 98 VwGO i. V. m. § 377 ZPO) zu **erscheinen.**[20] Bleibt ein Zeuge unentschuldigt aus, werden ihm die durch sein Ausbleiben verursachten Kosten auferlegt. Zugleich wird ein Ordnungsgeld und für den Fall, dass dieses nicht beigetrieben werden kann, Ordnungshaft festgesetzt. Die zwangsweise Vorführung kann angeordnet werden (§ 98 VwGO i. V. m. § 380 ZPO).

  Das Gericht kann Zeugen, die am Erscheinen verhindert sind, auch **schriftlich befragen** (vgl. § 98 VwGO i. V. m. § 377 Abs. 3 ZPO; *vgl. auch unten 5.5*).

20 Werden Zeugen benannt, sollten korrekte ladungsfähige Anschriften mitgeteilt werden. Die Angabe eines Postfachs genügt als solche nicht, vgl. BVerwG, NJW 1999, 2608.

Muster: Schriftliche Zeugenbefragung

Verwaltungsgericht Kirchheim

* Verwaltungsgericht Kirchheim * Postfach 84 42 * 12234 Kirchcheim *

Frau
Alma Dattrich
Bessere Zukunft 19
80023 München

Unser Zeichen (Bitte stets angeben)	Ihr Zeichen, Ihre Nachricht vom	Durchwahl	Kirchheim
2 K 1459/09.Ki	17.9.2011	123	21.9.2011

Verwaltungsstreitsache
Holger Gehrmann
gegen
Stadt Kirchheim

Sehr geehrte Frau Datrich,

die Ladung zum Termin am 5.10.2011 wird im Hinblick auf die von Ihnen mitgeteilten gesundheitlichen Hinderungsgründe aufgehoben.

In dem o. g. Verwaltungsstreitverfahren hat Sie der Kläger als Zeugin benannt. Das Gericht bittet Sie zur Aufklärung des Sachverhalts um eine schriftliche Zeugenaussage.

Nach dem Beweisbeschluss des Gerichts vom 15.9.2011 sollen Sie sich zu folgender Frage äußern: ...

(Beweisthema)

Sie sind verpflichtet, sich wahrheitsgemäß schriftlich zu äußern. Ihrer Aussage dürfen Sie nichts Unrichtiges hinzufügen oder wesentliche Umstände verschweigen. Die Wahrheitspflicht bezieht sich auch auf die Angaben zu Ihrer Person. Verstöße gegen die Wahrheitspflicht können strafrechtlich geahndet werden.

Möglicherweise steht Ihnen ein Zeugnisverweigerungsrecht zu. Ob dies der Fall ist, entnehmen Sie bitte dem in Kopie beigefügten Text der Vorschriften der §§ 383 bis 385 der Zivilprozessordnung. Bitte teilen Sie mit, ob Ihnen ein Zeugnisverweigerungsrecht zusteht und ob Sie davon Gebrauch machen.

Teilen Sie bitte Ihre Personalien (Vor- und Zuname, Alter, Beruf, Wohnanschrift, Verwandtschaft oder Verschwägerung mit einem der Beteiligten) mit und äußern Sie sich eingehend zu dem o. a. Beweisthema.

Sofern Ihre schriftliche Aussage nicht bis zum 4.10.2011 bei Gericht eingegangen ist, gehe ich davon aus, dass Sie sich nicht schriftlich zu den aufgeworfenen Fragen äußern möchten. Sie werden dann zu einem Beweisaufnahmetermin geladen bzw. durch einen beauftragten oder ersuchten Richter vernommen, wenn Sie ein amtsärztliches Attest über Ihre Verhandlungsunfähigkeit vorlegen.

Für Ihre Bemühungen danke ich Ihnen.

Mit freundlichen Grüßen

Hammer
Vorsitzender Richter am VG

- zur Person und zur Sache **wahrheitsgemäß auszusagen** und **Fragen zu beantworten** (§ 98 VwGO i. V. m. §§ 396 Abs. 2, 3, 397, 398 ZPO). Die Pflicht zur Aussage besteht nicht, falls dem Zeugen ein **Zeugnisverweigerungsrecht** (aus persönlichen oder sachlichen Gründen, vgl. § 98 VwGO i. V. m. §§ 383 ff. ZPO) zur Seite steht. **Beamte** unterliegen der Pflicht zur Amtsverschwiegenheit. Sie dürfen ohne **Aussagegenehmigung** des Dienstvorgesetzten nicht vor Gericht aussagen (§ 98 VwGO i. V. m. § 376 ZPO i. V. m. § 37 BeamtStG). Die Aussagegenehmigung kann entweder generell erteilt sein oder für sie wird für bestimmte Fälle einzeln erteilt. Eine Aussagegenehmigung ist nicht erforderlich, wenn der Beamte als Zeuge nicht zu dienstlichen, sondern zu rein privaten Angelegenheiten vernommen werden soll.

Muster: Aussagegenehmigung für Beamte

(Behörde)

Herrn

Erteilung der Aussagegenehmigung
hier: Verwaltungsstreitverfahren Müller gegen Stadt Berghof

Sehr geehrter Herr,

in o. g. Verwaltungsstreitverfahren sollen Sie als Zeuge vernommen werden.

Ich erteile Ihnen gemäß (… *Angabe der beamtenrechtlichen Vorschrift*) die Aussagegenehmigung für diese Vernehmung am 15.11.2011.

Mit freundlichen Grüßen
im Auftrag

Eine entsprechende **Schweigepflicht** gilt nach Maßgabe der tarifrechtlichen Vorschriften für Tarifbeschäftigte des öffentlichen Dienstes. Ein gesetzlicher Genehmigungsvorbehalt wie bei Beamten besteht nicht.

Muster: Aussagegenehmigung für Tarifbeschäftigte

(Behörde)

Herrn

Erteilung einer Aussagegenehmigung
hier: Arbeitsrechtsstreit XY ./. Land Hessen; anhängig vor dem Hessischen Landesarbeitsgericht (Az. ...)

Sehr geehrter Herr,

in o. g. Arbeitsrechtsstreit sollen Sie durch das Hessische Landesarbeitsgericht zum Beweisthema als Zeuge gehört werden.

Ich entbinde Sie insofern von Ihrer Schweigepflicht gemäß § 3 TVÖD für den Termin vor dem Hessischen Landesarbeitsgericht am 2.12.2011.

Das Hessische Landesarbeitsgericht erhält einen Abdruck dieses Schreibens.

Mit freundlichen Grüßen
im Auftrag

– zur **Eidesleistung** (§ 98 VwGO i. V. m. § 391 ff. ZPO). Die Eidesformel geht dahin, dass der Zeuge nach bestem Wissen die reine Wahrheit gesagt und nichts verschwiegen habe (§ 392 Satz 2 ZPO). Das Verfahren zur Abnahme des Eides ist in §§ 478 ff. ZPO geregelt. Zur Eidesleistung in einer fremden Sprache vgl. § 188 GVG.

☞ Der Zeuge hat das **Recht** auf

- **Freistellung** von der Dienst- bzw. Arbeitsleistung (bei Beamten Urlaub unter Fortgewährung der Leistungen des Dienstherrn),
- **zusammenhängende Aussage** (§ 98 VwGO i. V. m. § 396 Abs. 1 ZPO),
- prozessualen **Beistand,**
- **angemessene Behandlung** (vgl. auch § 178 GVG),
- **Entschädigung** nach den Bestimmungen des JVEG (§ 98 VwGO i. V. m. § 401 ZPO).

☞ Das **Verhalten eines Zeugen vor Gericht** sollte sich an folgenden **Empfehlungen** orientieren:

- Eine gründliche **Vorbereitung** auf den Verhandlungsgegenstand ist zweckmäßig (z. B. Inhalt der Befragung, Umfang der Aussagegenehmigung).

- Der Zeuge sollte vor seiner Vernehmung und in Vernehmungspausen **Gespräche** mit Personen unterlassen, die ihn in den Verdacht einer abgesprochenen Aussage rücken könnten.
- Das **Auftreten** (Kleidung, Verhalten, Sprache) sollte den Anforderungen und der Würde des Gerichts entsprechen.
- Bedienstete sollten sich darüber klar sein, dass ihr **Dienstherr** oder ihre **Behörde** in Zusammenhang mit ihrer Aussage gebracht wird.
- Die mündliche Verhandlung ist regelmäßig **öffentlich**. Der Zeuge muss mit einer Berichterstattung in den **Medien** rechnen.
- Fragen sollten kurz und präzise, dennoch aber erschöpfend und vor allem wahrheitsgemäß beantwortet werden.
- Bei **Unklarheiten** sollte nachgefragt werden, im Zweifelsfalle beim Vorsitzenden.
- **Gedächtnislücken** dürfen nicht durch eigene Schlussfolgerungen gefüllt werden. Allgemeine Eindrücke, eigene Vermutungen oder Werturteile muss der Zeuge kenntlich machen. Das Eingeständnis, sich nach längerer Zeit nicht mehr an alle Details erinnern zu können, ist nicht beschämend.
- Bei **Widersprüchen** können Zeugen einander gegenübergestellt werden (§ 98 VwGO i. V. m. § 394 Abs. 2 ZPO).
- Der Zeuge sollte sich weder **provozieren** noch **einschüchtern** lassen, sondern stets möglichst **gelassen** und **sachlich** bleiben. Wird er **beleidigt**, so sollte er um Aufnahme der beleidigenden Äußerung in das Sitzungsprotokoll bitten (vgl. § 183 GVG).
- **Gereizte** Reaktionen, **überheblich** wirkende Formulierungen und **Floskeln** sind unangebracht.
- Bei Bedarf sollte der Zeuge den Vorsitzenden um eine **Unterbrechung** bitten.

3.8 Der Sachverständige

Sachverständige sind ebenfalls **Beweismittel** (§ 98 VwGO i. V. m. §§ 402 ff. ZPO; *vgl. dazu unten 5.5*), die das Gericht zur Beurteilung eines konkreten Sachverhalts hinzuzieht, wenn kein Mitglied des Gerichts die erforderliche Sachkunde besitzt.

Grundsätzlich gelten die Vorschriften über Zeugen entsprechend (§ 402 ZPO). Sachverständige erstatten vor Gericht ein **Gutachten**. Ihre Auswahl obliegt dem Gericht.

3.9 Der Urkundsbeamte der Geschäftsstelle

Der Urkundsbeamte der Geschäftsstelle unterstützt das Gericht (§ 13 VwGO), vor allem im Geschäftsbetrieb (Ladungen, Zustellungen usw.). Er kann mit der **Protokollführung** beauftragt werden (§ 105 VwGO i. V. m. §§ 159 bis 165 ZPO). Dem Urkundsbeamten der Geschäftsstelle des **ersten Rechtszugs** obliegt die **Kostenfestsetzung** (§ 164 VwGO). Urkundsbeamte können als Dolmetscher fungieren (§ 190 GVG).

3.10 Der Dolmetscher

Die Gerichtssprache ist deutsch (§ 184 GVG). Wird unter Beteiligung von Personen verhandelt, die der deutschen Sprache nicht mächtig sind, so ist ein Dolmetscher zuzuziehen (§ 185 GVG), bei **hör-** oder **sprachbehinderten** Personen ggf. ein Gebärdendolmetscher (§ 186 GVG). Die §§ 187 bis 191 GVG enthalten weitere Einzelheiten.

4 Die Vornahme von Prozesshandlungen

Prozesshandlungen sind nach gängiger Definition[21] alle prozessgestaltenden Betätigungen der Beteiligten (§ 63 VwGO) oder ihrer Vertreter (§ 67 VwGO), deren Voraussetzungen und Auswirkungen das Prozessrecht regelt. Prozesshandlungen des Gerichts (Entscheidungen, Verfügungen u. a.) sind hier nicht gemeint. Insbesondere sind zu nennen: Klage, Anerkenntnis, Anträge an das Gericht, Widerruf und Rücknahme, Verzicht, Empfangsbekenntnis.

Damit Beteiligte wirksame Prozesshandlungen vornehmen können, müssen bestimmte **Voraussetzungen** vorliegen:

4.1 Die Beteiligungsfähigkeit

An einem verwaltungsgerichtlichen Verfahren können die in § 61 VwGO genannten Personen und Institutionen teilnehmen:

- **Natürliche Personen** (§ 61 Nr. 1 VwGO).
- **Juristische Personen** (§ 61 Nr. 1 VwGO). Es ist gleichgültig, ob es sich um juristische Personen des **öffentlichen** Rechts (Bund, Länder, Gemeinden, Körperschaften, Stiftungen, Anstalten des öffentlichen Rechts) oder des **privaten** Rechts (eingetragene Vereine, GmbH, AG usw.) handelt. Juristischen Personen gleichgestellt sind u. a. politische Parteien und Gewerkschaften.
- **Vereinigungen**, soweit ihnen ein Recht zustehen kann (§ 61 Nr. 2 VwGO). Infrage kommen Gesellschaften des bürgerlichen Rechts (»GbR«)[22], nicht rechtsfähige Vereine, Personalräte, beim Kommunalverfassungsstreit auch einzelne Organe bzw. Organteile (z. B. Gemeinderat, Kreistag, Ausschüsse).
- **Behörden**, sofern das Landesrecht dies bestimmt (§ 61 Nr. 3 VwGO). Fehlt eine solche Bestimmung, so ist immer nur der jeweilige Rechtsträger der Behörde beteiligungsfähig (vgl. § 78 Abs. 1 VwGO).

4.2 Die Prozessfähigkeit

In einem Verwaltungsprozess können nur die in § 62 VwGO genannten Personen und Institutionen Prozesshandlungen vornehmen:

- Die nach bürgerlichem Recht **Geschäftsfähigen** (§ 62 Abs. 1 Nr. 1 VwGO i. V. m. §§ 2, 104 ff. BGB).
- Die nach bürgerlichem Recht in der **Geschäftsfähigkeit Beschränkten**, soweit sie durch Vorschriften des bürgerlichen oder öffentlichen Rechts für

21 Vgl. Thomas/Putzo, ZPO, Einl. III.1.
22 Zur Rechtsfähigkeit der Gesellschaft bürgerlichen Rechts vgl. BGH, NJW 2001, 1056 und Schmidt, NJW 2001, 993 ff.

den Gegenstand des Verfahrens als geschäftsfähig anerkannt sind (§ 62 Abs. 1 Nr. 2 VwGO i. V. m. §§ 112, 113 BGB).[23]

- **Vereinigungen** (auch juristische Personen) und **Behörden** durch ihre **gesetzlichen Vertreter, Vorstände oder besonders Beauftragte** (§ 62 Abs. 3 VwGO).

Geschäftsunfähige und beschränkt geschäftsfähige Personen, die nicht unter § 62 Abs. 1 Nr. 2 VwGO fallen, sind **prozessunfähig**. Sie bedürfen einer **Vertretung**. Z. B. werden Kinder durch ihre Eltern oder einen einzelnen sorgeberechtigten Elternteil vertreten (§§ 1626, 1626a, 1629 BGB). Einem prozessunfähigen Beklagten muss das Gericht einen **Prozesspfleger** bestellen (§ 62 Abs. 4 VwGO i. V. m. §§ 53 bis 58 ZPO).

4.3 Die Prozessvollmacht

Treten im Verwaltungsgerichtsprozess Bevollmächtigte auf (*s. dazu oben 3.6*), so ist ihnen **schriftliche Vollmacht** zu erteilen[24] und dem Gericht vorzulegen (§ 67 Abs. 3 Satz 1 und 2 VwGO). Rechtsanwälte benutzen gewöhnlich eine sog. **Einheitsvollmacht.**[25]

Zu beachten ist, dass die Vollmacht nur von demjenigen erteilt wird, der dazu befugt ist (z. B. aufgrund einschlägiger kommunalrechtlicher Vorschriften).

Muster: Vollmacht

Rechtsanwaltskanzlei
Redlich und Prell
Blumenstraße 7
12234 Kirchheim

Vollmacht

Zustellungen werden nur an den Bevollmächtigten erbeten

wird hiermit in Sachen	Gehrmann ./. Stadt Kirchheim
wegen	Ordnungsrechts
erteilt	

23 Zu einzelnen Fällen vgl. Kopp/Schenke, § 62 RdNr. 5 ff.

24 Eine Behörde wird nicht ordnungsgemäß vertreten, wenn ein Schriftsatz zwar von einem Bediensteten im Sinne des § 67 Abs. 2 VwGO angefertigt, aber von einem Behördenleiter unterzeichnet wurde, der die gesetzlichen Anforderungen dieser Vorschrift nicht erfüllt, BVerwG, BayVBl. 1999, 219.

25 Zu den Folgen einer nicht eingereichten Prozessvollmacht vgl. BSG, NJW 2001, 2652.

1. zur Prozessführung (u. a. nach §§ 81 ff. ZPO) einschließlich der Befugnis zur Erhebung und Zurücknahme von Widerklagen.
2. zur Antragstellung in Scheidungs- und Scheidungsfolgesachen, zum Abschluss von Vereinbarungen über Scheidungsfolgen sowie zur Stellung von Anträgen auf Erteilung von Renten- und sonstigen Versorgungsauskünften.
3. zur Vertretung und Verteidigung in Strafsachen und Bußgeldsachen (§§ 302, 374 StPO) einschließlich der Vorverfahren (für den Fall der Abwesenheit) zur Vertretung nach § 411 Abs. 2 StPO und mit ausdrücklicher Ermächtigung auch nach §§ 233 Abs. 1, 234 StPO, zur Stellung von Straf- und anderen nach der Strafprozessordnung zulässigen Anträgen und von Anträgen nach dem Gesetz über die Entschädigung für Strafverfolgungsmaßnahmen, insbesondere auch für das Betragsverfahren.
4. zur Vertretung in sonstigen Verfahren und bei außergerichtlichen Verhandlungen aller Art (insbesondere in Unfallsachen zur Geltendmachung von Ansprüchen gegen Schädiger, Fahrzeughalter und deren Versicherer).
5. zur Begründung und Aufhebung von Vertragsverhältnissen und zur Abgabe und Entgegennahme von einseitigen Willenserklärungen (z. B. Kündigungen) in Zusammenhang mit der o. g. Angelegenheit.

Die Vollmacht gilt für alle Instanzen und erstreckt sich auch auf Neben- und Folgeverfahren aller Art. Sie umfasst insbesondere die Befugnis, Zustellungen zu bewirken und entgegenzunehmen, die Vollmacht ganz oder teilweise auf andere zu übertragen, Rechtsmittel einzulegen, zurückzunehmen oder auf sie zu verzichten, den Rechtsstreit oder außergerichtliche Verhandlungen durch Vergleich, Verzicht oder Anerkenntnis zu erledigen, Geld, Wertsachen und Urkunden, insbesondere auch den Streitgegenstand und die von dem Gegner, von der Justizkasse oder von sonstigen Stellen zu erstattenden Beträge entgegenzunehmen sowie Akteneinsicht zu nehmen.

Kirchheim, 7.6.2009	Gehrmann
Ort, Datum	Unterschrift

Für Behördenvertreter ist die Erteilung einer **Terminsvollmacht** zur mündlichen Verhandlung regelmäßig unverzichtbar (§ 67 Abs. 6 Satz 1 VwGO) (*vgl. dazu unten 5.4.7*).

Muster: Terminsvollmacht

STADT KIRCHHEIM

Oberbürgermeister Datum

Verwaltungsgericht Kirchheim
Maria-Hilf-Platz 2

12234 Kirchheim

Terminsvollmacht

In dem Verwaltungsstreitverfahren

Holger Gehrmann

gegen

Stadt Kirchheim

Az. 2 K 1459/09.Ki

erteile ich Herrn Stadtoberrechtsrat Dr. Alexander Schmitt Vollmacht, mich im Termin zur mündlichen Verhandlung am 5. Oktober 2011 zu vertreten.

Jung

Die Vollmacht kann nachgereicht werden, ggf. unter gerichtlicher Fristsetzung (§ 67 Abs. 6 Satz 2 VwGO). Eine Erklärung der Vollmacht zu Protokoll ist zulässig.

☞ Behörden können einzelnen Mitarbeitern (Beauftragten) eine **Generalterminsvollmacht** erteilen, die bei Gericht hinterlegt wird. Im Einzelfall reicht dann die Bezugnahme auf die hinterlegte Vollmacht aus.

Muster: Generalvollmacht

STADT KIRCHHEIM

Oberbürgermeister Datum

Verwaltungsgericht Kirchheim
Maria-Hilf-Platz 2

12234 Kirchheim

Generalterminsvollmacht

Ich erteile Frau Stadtoberrechtsrätin Anja Rost Vollmacht, mich in allen Terminen vor dem Verwaltungsgericht Kirchheim zu vertreten.

Jung

Inhalt und Umfang der Vollmacht richten sich nach § 173 VwGO i. V. m. §§ 81 ff. ZPO. Erklärungen des Bevollmächtigten wirken unmittelbar für und gegen den Vertretenen (§ 164 Abs. 1 BGB). Dies gilt auch für Prozesshandlungen (§ 173 VwGO i. V. m. § 85 Abs. 1 ZPO).

Eine uneingeschränkte Vollmacht schließt das Recht zur **Unterbevollmächtigung** anderer Personen und zur Bestellung eines **Terminvertreters** ein. Ein Verschulden des Bevollmächtigten, etwa die schuldhafte Versäumung einer Frist, muss sich der Vertretene zurechnen lassen (§ 173 VwGO i. V. m. § 85 Abs. 2 ZPO).

Wird die Vollmacht bis zum Ergehen der gerichtlichen Entscheidung, ggf. nach Fristsetzung, nicht vorgelegt oder überschreitet der Bevollmächtigte seine Vertretungsmacht, so muss er sich als **vollmachtloser Vertreter** behandeln lassen; insbesondere können ihm Kosten auferlegt werden (§ 173 VwGO i. V. m. § 89 ZPO).

Wenn ein Bevollmächtigter bestellt wurde, sind **Zustellungen** oder Mitteilungen des Gerichts (zwingend) an ihn zu richten (§ 67 Abs. 6 Satz 5 VwGO). Bei Zustellungen an Behördenbeauftragte können damit unter Umständen zeitraubende Umwege über den Behördenleiter entfallen.

Zeigt ein Bevollmächtigter die **Niederlegung des Mandats** an, so können **Zustellungen** ungeachtet der Mandatsniederlegung auch nur an ihn vorgenommen werden (§ 67 Abs. 6 Satz 5 VwGO). Der bisherige Bevollmächtigte hat deshalb gegenüber dem Gericht anwaltlich zu versichern, dass der Vollmachtsvertrag erloschen ist. Bis zur Vorlage einer solchen Erklärung wird er auch in den Stammdaten (*vgl. oben 2.9*) als Bevollmächtigter weitergeführt (vgl. § 173 VwGO i. V. m. § 87 Abs. 1 ZPO).[26]

26 Vgl. BVerwG, DVBl. 1984, 90.

4.4 Die Postulationsfähigkeit

Postulationsfähigkeit ist die Berechtigung, vor Gericht selbstständig Verfahrenshandlungen vorzunehmen. Beispielsweise muss ein Kläger, der beim Verwaltungsgericht Klage erhebt oder der in der mündlichen Verhandlung einen Antrag stellt, postulationsfähig sein, damit diese Prozesshandlungen wirksam sind.

Grundsätzlich ist jeder Prozessfähige gleichzeitig auch postulationsfähig. Soweit **Anwaltszwang** besteht (*s. oben 3.6* und *unten 8.2*), sind nur die in § 67 VwGO näher bezeichneten vertretungsbefugten Personen mit Befähigung zum Richteramt postulationsfähig. Z. B. kann der Bürgermeister einer Gemeinde vor dem Oberverwaltungsgericht ohne postulationsfähigen Bevollmächtigten keine wirksamen Prozesserklärungen abgeben, wenn er nicht selbst Volljurist ist.

4.5 Die Form

Prozesshandlungen sind grundsätzlich formfrei wirksam. Die VwGO schreibt allerdings in einzelnen Fällen **Schriftform** vor:
- Erhebung des **Widerspruchs** (§ 70 Abs. 1 Satz 1 VwGO).
- Erhebung der **Klage** (§ 81 Abs. 1 Satz 1 VwGO). Bei dem Verwaltungsgericht kann sie auch zur Niederschrift des Urkundsbeamten der Geschäftsstelle erhoben werden (§ 81 Abs. 1 Satz 2 VwGO).
- **Anträge** auf Gewährung einstweiligen Rechtsschutzes (§§ 80 Abs. 5, 123 VwGO).
- **Rechtsmittel** und **Anträge auf Zulassung von Rechtsmitteln** (§§ 84 Abs. 2, 124a, 125, 134, 139, 147, 81 VwGO).
- **Rechtsmittelbegründungen** (§§ 124a Abs. 3, 133 Abs. 3, 139 Abs. 3 VwGO).

☞ Schriftform bedeutet zum einen, dass ein formgebundener Schriftsatz in schriftlich verkörperter Fassung (und in deutscher Sprache, § 184 GVG) existiert. Zum anderen ist die Schriftform regelmäßig nur dann gewahrt, wenn das betreffende Schriftstück von einer natürlichen Person, d. h. vom Kläger oder seinem Bevollmächtigten (*vgl. oben 3.6*) **handschriftlich unterzeichnet** ist. Bei diesem Erfordernis handelt es sich nicht um einen bloßen Formalismus, sondern um ein Stück Rechtssicherheit. Der Unterzeichner übernimmt die Garantie dafür, dass die Klage von ihm stammt und dass es sich nicht nur um einen Entwurf handelt.[27] Die Rechtsprechung erkennt **Ausnahmen** an, wenn sich aus der Klageschrift oder den ihr beigefügten Anlagen eindeutig und ohne dass darüber Beweis erhoben werden muss, ergibt, dass die Klage vom Kläger herrührt (»Urheberschaft«) und mit dessen Willen an das Gericht gelangt ist (»Verkehrswille«).[28] Bei **Behörden** und öffentlich-rechtlichen Einrichtungen reicht eine mit handschriftlichem Beglaubigungsvermerk versehene Ausferti-

27 Zu den Erfordernissen im Einzelnen Kopp/Schenke, § 81 RdNr. 5.
28 Vgl. BVerwGE 30, 274; 81, 32; BVerwG, BayVBl. 1984, 251; Kopp/Schenke, § 81 RdNr. 6 ff.

gung mit Namen in Maschinenschrift.[29] Aus Gründen der Klarheit empfiehlt sich jedoch in jedem Falle die handschriftliche Unterzeichnung aller Schriftsätze durch die hierzu autorisierte Person.

Der Schriftform genügt regelmäßig auch die Klageerhebung durch **Fernschreiben** und **Telefax**.[30] Der **E-Mail** wurde die Anerkennung des Schriftformerfordernisses verweigert. § 55a VwGO lässt für Dokumente, die einem schriftlich zu unterzeichnenden Schriftstück gleichstehen, die elektronische Kommunikation zu, wenn bestimmte Bedingungen erfüllt sind, wie z. B. eine qualifizierte elektronische Signatur (§ 55a Abs. 1 Satz 3, 4 VwGO).

Die Schriftform kann vereinzelt durch Erklärungen **zur Niederschrift des Urkundsbeamten der Geschäftsstelle** ersetzt werden (z. B. bei der Einlegung eines Widerspruchs oder bei der Erhebung einer Klage zum Verwaltungsgericht, §§ 70 Abs. 1 Satz 1, 81 Abs. 1 Satz 2 VwGO; vgl. auch § 147 Abs. 1 VwGO).

Muster: Klageerhebung vor dem Urkundsbeamten der Geschäftsstelle

Verwaltungsgericht Kirchheim

12234 Kirchheim, den 18.04.2011
Maria-Hilf-Platz 2
Tel.: 01 63/9 05-0
Fax: 01 63/9 05-1 99

Vor der Urkundsbeamtin der Geschäftsstelle erscheint

Herr
Frank Ginster
Rosenstraße 3
12234 Oberdorf

ausgewiesen durch Personalausweis

und erklärt für seine Mutter, Angela Ginster, wohnhaft Rosenstraße 3, 12234 Oberdorf, zur

29 Vgl. Kopp/Schenke, § 81 RdNr. 6.

30 In Prozessen mit Vertretungszwang können bestimmende Schriftsätze formwirksam durch elektronische Übertragung einer Textdatei mit eingescannter Unterschrift auf ein Faxgerät des Gerichts übermittelt werden, vgl. GemSOGB v. 5.4.2000 – GmS-OGB 1/98 –, NJW 2000, 2340. Eine im Anhang einer E-Mail befindliche Klageschrift mit nur eingescannter Unterschrift genügt dem Schriftformerfordernis nicht, vgl. VG Minden, Beschl. v. 17.6.2010 – 12 L 212/10.

Niederschrift

Ich erhebe Klage gegen das Land, vertreten durch den Leiter des Oberbergamts, mit folgenden Anträgen:

1. Der Planfeststellungsbeschluss zur Zulassung des Rahmenbetriebsplanes für die Kiessandtagebaue im Raum Flachtal vom 22.3.2011 (bekannt gemacht am 14.4.2011) wird aufgehoben, soweit die Grundstücke der Gemarkung Flachtal 2234/1 und 2234/2 betroffen sind.

2. Die Kosten des Verfahrens trägt der Beklagte

Gründe:

Die Zustellung des Beschlusses ist nicht in dem gewünschten Umfang erfolgt. Ich habe nur zufällig durch eine Bekannte von der Bekanntmachung im Tagesspiegel Oberdorf erfahren. In der Tagespresse von Flachtal erfolgte keine Bekanntmachung. Auch eine Information auf dem Postwege unterblieb. Ich habe erfahren, dass Eigentümer der betroffenen Grundstücke, die ihren Wohnsitz außerhalb des Landes haben, schriftlich verständigt wurden.

Durch die Firma Kieswerk GmbH & Co. Flachtal Betriebs-KG erfolgt derzeit bereits Kiesabbau in Flachtal. Für die dafür verwendeten Grundstücke erfolgte bisher keinerlei Regulierung bezüglich Wertersatz oder Austauschflächen. Ich bin der Meinung, dass zunächst diese Angelegenheiten geregelt werden sollten, bevor neue Grundslücke verwendet werden.

Eine entsprechende Vollmacht werde ich umgehend nachreichen.

v. g. u. u.*

Aufgenommen am 19.04.2011

Kläger	Urkundsbeamtin der Geschäftsstelle

* »vorgelesen, genehmigt und unterschrieben.«

4.6 Die Frist

Prozesshandlungen können grundsätzlich bis zum rechtskräftigen Abschluss des Rechtsstreits vorgenommen werden. In bestimmten Fällen knüpft das Gesetz aber an ihre Wirksamkeit die Einhaltung einer Frist, z. B.
- Erhebung des **Widerspruchs** (§ 70 Abs. 1 VwGO).
- Erhebung der **Anfechtungs-** und der **Verpflichtungsklage** (§ 74 VwGO).

- **Rechtsmittel** und **Anträge auf Zulassung von Rechtsmitteln** (§§ 84 Abs. 2, 124a Abs. 2, 134, 139, 147 VwGO, §§ 63 Abs. 3 Satz 2, 68 Abs. 1 Satz 3 GKG).
- **Rechtsmittelbegründungen** (§§ 124a Abs. 3, 133 Abs. 3, 139 Abs. 3 VwGO).

Zur **Wiedereinsetzung in den vorigen Stand** bei unverschuldeter Versäumung gesetzlicher Fristen *vgl. unten 4.10*.

4.7 Die Bedingungsfeindlichkeit

Prozesshandlungen können grundsätzlich nicht vom Eintritt einer Bedingung abhängig gemacht werden. Z. B. kann nicht Klage unter der Bedingung erhoben werden, dass dem Kläger Prozesskostenhilfe gewährt wird[31] (für Rechtsmittel *vgl. unten 8.2*).

Zulässig ist es hingegen, **Hauptantrag** und **Hilfsantrag** zu stellen (*vgl. dazu auch unten 5.1*).

4.8 Der vorgeschriebene Inhalt

Der vorgeschriebene Inhalt hängt von der jeweiligen Prozesshandlung ab. Für die Klage ergeben sich beispielsweise die Anforderungen aus § 82 Abs. 1 VwGO. Ist der Wortlaut einer Prozesserklärung (z. B. eines Rechtsmittels) nicht eindeutig, so muss das Gericht den wirklich gewollten Inhalt ggf. durch Auslegung (§§ 133, 157 BGB entsprechend) ermitteln (vgl. § 88 VwGO).[32]

4.9 Die Heilung von Mängeln

Fehlt eine der Voraussetzungen für eine Prozesshandlung, so ist die Handlung unwirksam.

Vereinzelt ist eine Heilung von Mängeln möglich, z.B. wenn die Prozesshandlungen eines zunächst vollmachtlosen Vertreters (*vgl. oben 4.3*) nachträglich genehmigt werden.[33] Bis zum Ablauf der Klagefrist kann die Schriftform wirksam nachgeholt werden.[34] Entspricht eine Klage nicht den Anforderungen des § 82 Abs. 2 VwGO, hat der Vorsitzende oder der Berichterstatter den Kläger zu der erforderlichen Ergänzung innerhalb einer bestimmten Frist aufzufordern (§ 82 Abs. 2 VwGO). Das Gericht kann der Behörde Gelegenheit zur Heilung von Verfahrens- und Formfehlern geben (*vgl. dazu unten 5.4.1*).

31 Vgl. näher Kopp/Schenke, vor § 40 RdNr. 15, § 82 RdNr. 8 und vor § 124 RdNr. 25.
32 Es gelten die allgemeinen Auslegungsgrundsätze, vgl. Kopp/Schenke, § 1 RdNr. 32, § 88 RdNr. 1 ff., vor § 124 RdNr. 14.
33 Vgl. Kopp/Schenke, § 67 RdNr. 56.
34 Vgl. Kopp/Schenke, § 81 RdNr. 8 m. w. N.

4.10 Die Wiedereinsetzung in den vorigen Stand

☞ Ein Beteiligter, der eine Frist zu beachten hat, darf diese Frist grundsätzlich vollständig ausnutzen.[35] In jedem Fall trifft ihn allerdings eine erhöhte Sorgfaltspflicht dahin, dass entsprechende Schriftsätze (*vgl. oben 5.3*) das zuständige Gericht unter Berücksichtigung der regulären **Beförderungsdauer** vor Ablauf der Frist, d. h. rechtzeitig, erreichen. Bei der Übermittlung von Schriftstücken darf er sich auch moderner Telekommunikationsmethoden bedienen. Allerdings trifft ihn das Risiko, dass – z. B. bei Benutzung eines Telefaxgeräts – das Telefax vollständig und rechtzeitig und unter Wahrung der Formerfordernisse (*vgl. oben 4.5*) bei Gericht eingeht.[36]

Die unverschuldete Versäumung einer **gesetzlichen** Frist (z. B. Klage- oder Rechtsmittelfrist)[37] kann mithilfe der **Wiedereinsetzung in den vorigen Stand** (§ 60 VwGO) überwunden werden.[38]

Verschulden liegt vor, wenn derjenige, der die Frist zu wahren hatte, nicht die Sorgfalt hat walten lassen, die für einen gewissenhaften Beteiligten, der seine Pflichten sachgerecht wahrnimmt, geboten und ihm nach den gesamten Umständen des konkreten Falles zumutbar ist. An einen Rechtsanwalt und rechtskundige Behördenmitarbeiter sind höhere Anforderungen zu stellen als an juristische Laien.[39] Das Verschulden eines **Bevollmächtigten** steht dem Verschulden des von ihm vertretenen Beteiligten gleich (§ 173 VwGO i. V. m. § 85 Abs. 2 ZPO).[40] Ein Verschulden von **Hilfspersonal** ist dem Bevollmächtigten (und damit dem Beteiligten) nur im Falle eines Organisationsmangels zuzurechnen; ein solcher Mangel liegt vor, wenn der entsprechende (auch ansonsten zuverlässige) Mitarbeiter nicht sorgfältig ausgewählt und überwacht wurde.[41]

Ein **Wiedereinsetzungsgesuch** muss nicht ausdrücklich gestellt werden. Es genügt, wenn das Begehren auf Wiedereinsetzung aus dem Vorbringen des Klägers bzw. Antragstellers deutlich wird. Wiedereinsetzung kann auch ohne Antrag von Amts wegen gewährt werden, wenn die versäumte Rechtshandlung innerhalb der Antragsfrist nachgeholt wird (§ 60 Abs. 2 Satz 4 VwGO).

☞ Für die Wiedereinsetzung ist eine **Frist** von zwei Wochen nach Wegfall des Hindernisses einzuhalten. Innerhalb dieser Frist müssen der Antrag **begründet** und die Wiedereinsetzungsgründe **glaubhaft** gemacht werden (§ 60 Abs. 2 Satz 1 und 2 VwGO).[42]

---

35 Allgemeine Meinung.
36 BVerfG, NJW 1996, 2857; Bay VGH, BayVBl. 1974, 681; OVG Koblenz, NJW 1994, 1815.
37 Gerichtliche Fristen, wie z. B. § 87b Abs. 3 VwGO, sind hier nicht gemeint.
38 Auf die zu beachtenden Formalien macht Müller, Typische Fehler bei der Wiedereinsetzung in den vorigen Stand, NJW 1993, 681 ff., aufmerksam.
39 Vgl. BVerfGE 86, 286; BVerwG, BayVBl. 1983, 476; BVerwG, NJW 1991, 2097; Kopp/Schenke, § 60 RdNr. 9 ff.
40 Zu typischen Fällen vgl. Kopp/Schenke, § 60 RdNr. 20.
41 Vgl. BVerwG, NJW 1991, 2096; BVerwG, NJW 1995, 1443 zur Urlaubsvertretung eines Rechtsanwalts. Vgl. auch die zahlreichen Einzelfälle bei Kopp/Schenke, § 60 RdNr. 21.
42 Zur Glaubhaftmachung *vgl. unten 6.4.2.*

Binnen der Frist von zwei Wochen muss schließlich die **versäumte Rechtshandlung nachgeholt** werden (§ 60 Abs. 2 Satz 3 VwGO).

Nach einem Jahr seit dem Ende der versäumten Frist ist der Antrag grundsätzlich unzulässig (§ 60 Abs. 3 VwGO).

Die **Entscheidung** über eine Wiedereinsetzung trifft das Gericht, das über die versäumte Rechtshandlung zu befinden hat. Die Entscheidung ergeht entweder unselbstständig im Rahmen der Entscheidungsgründe des Endurteils bei der Frage der Zulässigkeit der Klage (bzw. der Gründe des Beschlusses), nicht aber im Tenor[43] (*vgl. unten 7.2.3*), oder durch eigenständiges Zwischenurteil (§ 109 VwGO; *vgl. unten 7.2.2*). Ob ein gesonderter Beschluss ergehen kann, ist streitig.[44] Die Entscheidung ist **unanfechtbar** (§ 60 Abs. 4, 5 VwGO; *vgl. auch unten 7.4 und 8.4.1*).

Beispiel:

»Der Antrag des Klägers vom 19. November 2010, wegen Versäumung der Klagefrist Wiedereinsetzung in den vorigen Stand zu gewähren, wird abgelehnt.«

43 Vgl. VGH Mannheim, DÖV 1981, 229.
44 Vgl. Kopp/Schenke, § 60 RdNr. 36 ff.

5 Der Ablauf des Verfahrens

5.1 Die Klageerhebung

Als Prozesshandlung unterliegt die Erhebung einer Klage zum Verwaltungsgericht den gesetzlichen Erfordernissen der §§ 81, 82 VwGO.

☞ Zwingende Voraussetzungen einer wirksamen Klageerhebung sind:[45]

- **Schriftform** (*vgl. dazu oben 4.5*).
- Bezeichnung des **Klägers**, des **Beklagten** und des **Gegenstandes des Klagebegehrens.** § 78 VwGO bestimmt, gegen welche Beklagte Anfechtungs-, Verpflichtungs- und (Fortsetzungs-)Feststellungsklagen richten sind. Zur Bezeichnung des Beklagten genügt dabei die Angabe der Behörde.

  Beispiel:

  »Klage der Eheleute Maria und Josef Zimmermann, Finkenweg 8, 09090 Oberdorf, gegen die Landesdirektion Chemnitz[46]*, vertreten durch den Präsidenten*[47]*, Alte Chemnitzer Straße 41, 09120 Chemnitz.«*

☞ Des Weiteren soll die Klageerhebung folgende Anforderungen erfüllen:

- **Abschriften** für die übrigen Beteiligten sollen beigefügt werden. Das Original der Klageschrift wird Bestandteil der Gerichtsakte. Dem Beklagten muss die Klageschrift zugestellt werden (§ 85 VwGO; *vgl. unten 5.2*). Die Klageschrift ist folglich immer mindestens zweifach einzureichen. Zeichnet sich die Beteiligung weiterer Personen ab (Beigeladene, VöI, *vgl. oben 3.4, 3.5*), sind weitere Abschriften empfehlenswert (vgl. aber § 81 Abs. 2 VwGO); denn wenn das Gericht fehlende Kopien erstellen muss, fallen dafür **Kosten** an[48], die regelmäßig vom Verursacher zu tragen sind (§ 28 Abs. 1 Satz 2 GKG).
- Ein bestimmter **Antrag** soll gestellt werden. Entscheidungen, die das Gericht von Amts wegen zu treffen hat, müssen nicht beantragt werden (z. B. Kosten, Streitwert).
- Die zur **Begründung** dienenden **Tatsachen** und **Beweismittel** sollen angegeben werden. Ohne weiteres möglich ist die Klageerhebung »zunächst zur Fristwahrung«. Die Entscheidung über das weitere prozessuale Vorgehen (Fortführung der Klage oder Rücknahme) wird ebenso wie eine Klagebegründung vielfach erst nach Akteneinsicht (*s. dazu unten 5.3.3*) möglich sein.

---

45 Die Möglichkeit der Klageerhebung zur Niederschrift des Urkundsbeamten der Geschäftsstelle (§ 81 Abs. 1 Satz 2 VwGO) soll hier nicht behandelt werden; vgl. dazu Kopp/Schenke, § 74 RdNr. 14 und § 81 RdNr. 12.

46 Die Landesdirektion ist Staatsbehörde. Die Klage wäre daher an sich »gegen den Freistaat Sachsen, vertreten durch den Präsidenten der Landesdirektion Chemnitz« zu richten. Das Gesetz gestattet die im Beispiel dargelegte Erleichterung.

47 Die Angabe der Behördenvertretung ist nicht notwendig. In der Praxis ist häufig eine Namensangabe zu finden. Diese ist überflüssig, denn der Amtsinhaber kann wechseln. Zudem spielt sein Privatname keine prozessuale Rolle.

48 Grundsätzlich 0,50 EUR pro Seite, vgl. Kostenverzeichnis Nr. 9000.

– Die angefochtene Verfügung und der Widerspruchsbescheid sollen in Urschrift oder in Abschrift beigefügt werden.

Muster: Klageerhebung

Stadt Kirchheim
Oberbürgermeister Datum

Verwaltungsgericht Kirchheim
Maria-Hilf-Platz 2

12234 Kirchheim

In der Verwaltungsstreitsache der Stadt Kirchheim, vertreten durch den Oberbürgermeister – Rechtsamt –, Markt 1, 12234 Kirchheim,

– Kläger/in –

gegen

– Kläger/in –

wegen

erhebe ich **Klage**.

Ich beantrage,

Begründung:

I. A.
Dr. Alexander Schmidt
Stadtoberrechtsrat

Mit Einreichung der Klageschrift wird die Streitsache bei dem Verwaltungsgericht rechtshängig (§ 90 VwGO). Der **Eingangsstempel** auf der Klageschrift hat die Eigenschaft einer öffentlichen Urkunde (§ 418 ZPO)[49]; er begründet vollen Beweis der von dem Stempel bezeugten Tatsachen, nämlich den Eingang der Klageschrift zu einem bestimmten Datum. **Nachtbriefkästen** bei den Verwaltungsgerichten gewährleisten, dass Klagefristen praktisch bis zur letzten Sekunde ausgeschöpft werden können.

Die Geschäftsstelle des Gerichts legt eine **Gerichtsakte** an, teilt dem Vorgang ein **Aktenzeichen** zu und erfasst den Fall nach seinen **Stammdaten** (*vgl. oben 2.9*). Die Stammdatenerfassung soll gewährleisten, dass die Verfahrensbeteilig-

49 Vgl. BVerwG, NVwZ 1989, 1098; ThürOVG, ThürVBl. 1995, 40 auch zu den Voraussetzungen des zulässigen Gegenbeweises.

ten korrekt angegeben sind (z. B. auf einem Aufkleber auf dem Aktendeckel) und das Rubrum der Entscheidung später fehlerfrei erstellt werden kann (vgl. § 117 VwGO). Sämtliche Änderungen sind von Amts wegen zu berücksichtigen.

Muster: Aufkleber mit Stammdaten für Aktendeckel

> Verwaltungsgericht Kirchheim
>
> **Az.-VG: 2 K 1459/09.Ki**
>
> Eingang: 11.6.2009 Rechtsgeb./Strgg.: 520 01
>
> **Holger Gehrmann**
> Puschkinstraße 41, 12234 Kirchheim
> **Bevollm.:**
> Rechtsanwälte Redlich und Prell, 12234 Kirchheim, Blumenstraße 7
>
> **gegen**
> **Stadt Kirchheim**
> vertreten durch den Oberbürgermeister
> Markt 1, 12234 Kirchheim
>
> **wegen Gebührenrechts**
>
> Berichterstatter: erledigt am:

Die Gerichtsakte kann nach Maßgabe von § 55b VwGO i. V. m. landesrechtlichen Vorschriften auch **elektronisch** geführt werden. In diesem Fall werden Originaldokumente bis zum rechtskräftigen Abschluss des Verfahrens aufbewahrt (§ 55b Abs. 3 VwGO).

☞ In einer einzigen Klageschrift können mehrere Sachanträge gestellt werden, wenn sie sich gegen denselben Beklagten richten, im Zusammenhang stehen und dasselbe Gericht zuständig ist (**objektive Klagehäufung,** § 44 VwGO; zur Trennung der einzelnen Ansprüche *vgl. unten 5.4.2*). Die Stellung von Haupt- und Hilfsanträgen verstößt nicht gegen das Verbot der Bedingungsfeindlichkeit von Prozesshandlungen (*vgl. oben 4.7*).

Auch eine nachträgliche **Klageänderung** ist grundsätzlich zulässig (§ 91 VwGO). Eine Klageänderung liegt nicht vor (vgl. § 173 VwGO i. V. m. § 264 ZPO), wenn

- die tatsächlichen oder rechtlichen Anführungen ergänzt oder berichtigt werden,
- der Klageantrag in der Hauptsache oder in Bezug auf Nebenforderungen erweitert oder beschränkt wird,
- statt des ursprünglich geforderten Gegenstandes wegen einer später eingetretenen Veränderung ein anderer Gegenstandefordert oder das Interesse gefordert wird.

Wenn das Gericht die Klageänderung (auch stillschweigend) zugelassen hat, ist ohne weiteres über die geänderte Klage zu entscheiden. Die Ablehnungs- oder Zulassungsentscheidung des Gerichts ist selbstständig nicht anfechtbar (§ 91 Abs. 3 VwGO). Auf die ansonsten erforderliche Zustimmung der Beteiligten kommt es nicht mehr an. Der Einwilligung des Beklagten bedarf es außerdem dann nicht, wenn dieser sich widerspruchslos in einem Schriftsatz oder in der mündlichen Verhandlung auf die geänderte Klage eingelassen hat (§ 91 Abs. 2 VwGO). Die Zustimmung des Beklagten ist schließlich entbehrlich, wenn das Gericht die Klageänderung für sachdienlich hält (§ 91 Abs. 1 VwGO).

Für **Anträge auf Gewährung einstweiligen Rechtsschutzes** (§§ 80 Abs. 5, 80a, 123 VwGO) gelten die vorstehenden Ausführungen entsprechend (*vgl. unten 6.4*).

Seit dem Jahr 2005 können Beteiligte dem Gericht **elektronische Dokumente** übermitteln, soweit dies für den jeweiligen Zuständigkeitsbereich durch Rechtsverordnung der Bundesregierung oder der Landesregierungen zugelassen worden ist (§ 55a Abs. 1 Satz 1 VwGO). Hierzu bestehen unterschiedliche und besondere landesspezifische Regelungen. Einem Dokument, für das die Schriftform vorgeschrieben ist, stehen elektronische Dokumente jedoch nur dann gleich, wenn sie eine qualifizierte elektronische Signatur nach § 2 Nr. 3 des Signaturgesetzes enthalten (§ 55a Abs. 1 Satz 3 VwGO); andernfalls entfalten solche Schriftstücke keine Rechtswirkung, insbesondere sind sie nicht zur Fristwahrung geeignet.[50]

5.2 Die Erstzustellung

Die Geschäftsstelle des Gerichts legt neu eingegangene Klagen und Anträge dem Vorsitzenden der zuständigen Kammer (*vgl. oben 2.5*) vor. Dieser trifft eine sog. **Eingangsverfügung**, in der er insbesondere die **Zustellung der Klage an den Beklagten** anordnet.

50 OVG Koblenz, NVwZ-RR 2006, 519; vgl. auch BVerwG, NJW 2006, 1989 (»Computerfax« und »Funkfax«).

Muster: Gerichtliche Eingangsverfügung

Verwaltungsgericht

Verfügung: Erstzustellung

Az.: ____________/1

1. Antrag zustellen an Beklagter/Antragsgegner mit Durchschrift von Nr. 3 + ggfs. Streitwertbeschluss

☐ per Fax

[-fach]

☐ 016 Zustellung, Stellungnahme bis/binnen ______ Tage/Woche(n)/Monat(e)
☐ 017 Zustellung, Stellungnahme bis/binnen ______ Tage/Woche(n)/Monat(e) ohne Aktenanforderung
☐ 001 Zustellung zur Kenntnisnahme
☐ 011 Zustellung zur Kenntnisnahme mit Aktenanforderung
☐ 006 Asylantrag, Akten bereits vorhanden, unverzügliche Stellungnahme
☐ 007 Asylantrag, Akten **nicht** vorhanden, unverzügliche Stellungnahme

Zusätze:
☐ 407 Streitwertbeschluss übersenden
☐ 321 Hinweis auf Beiladung
☐ 043 Hinweis auf mögliches Mediationsverfahren (mit Merkblatt 1)
☐ 021 Hinweis auf paralleles Eilverfahren
☐ 501 Anfrage schriftliches Verfahren
☐ 217 Hinweis auf Einzelrichterübertragung
☐ 131 keine Vollstreckungsmaßnahmen
☐ 136 keine Bauarbeiten
☐ 216 Angaben zum Streitwert
☐ 042 Hinweis auf Aktenanforderung direkt von Widerspruchsbehörde
☐ 591 Unterlagenliste auf Gerichts-Web-Site (Stand: __________)

☐ Textbausteine gemäß Anlage
☐ freier Text siehe Rückseite
☐ freie Bausteinwahl ________/________

2. Mitteilung an Ausländerbehörde
☐ 610 Mitteilung an Ausländerbehörde in
☐ 615 Bitte um kurzfristige Überlassung der Ausländerakte

3. Schreiben an Kläger/Antragsteller – Bevollm. – Vertreter mit Durchschrift von Nr. 1 + ggfs. Streitwertbes.

☐ 031 Eingangsbestätigung mit Abschriften (-fach)
☐ 031 a Eingangsbestätigung ohne Abschriften

☐ **per Fax**
☐ **– formlos –**
☐ **– zustellen –**

Zusätze:
☐ 036 Begründung bis/binnen ________ Tage-Woche/n
☐ 227 Hinweis auf § 74 Abs. 2 AsylVfG
☐ 221 Vorlage Prozessvollmacht
☐ 216 Angaben zur Streitwerthöhe
☐ 231 Ladungsfähige Anschrift (siehe Rückseite)
☐ 321 Hinweis Beiladung
☐ 043 Hinweis auf mögliches Mediationsverfahren
☐ 021 Hinweis auf paralleles Eilverfahren
☐ 501 Anfrage schriftliches Verfahren
☐ 217 Hinweis auf Einzelrichterübertragung
☐ 226 Hinweis bei Telefax
400 Vorlage ☐ Ausgangsbescheid ☐ Widerspruchsbescheid

☐ Textbausteine gemäß Anlage
☐ freier Text siehe Rückseite
☐ freie Bausteinwahl ________/________

Asyl:
☐ asr/1014 Unerl. Aufenthalt (Ez / Mz)
☐ 066 Akteneinsicht nur Geschäftsstelle
☐ 436 Hinweis auf Zulässigkeit (keine Klage)
☐ 411 Dolmetscher erforderlich?
☐ 426 Schriftstücke in fremder Sprache
☐ 233 Hinweis a. Zulässigkeit (keine Ablehnung als offensichtlich unbegründet)
☐ 590 Auskunftsliste z. K.
☐ 591 Unterlagenliste auf Gerichts-Web-Site (Stand:)

4. ☐ **Anforderung Widerspruchsakten von** ☐ LVwA ☐ ______________
Az.-Widerspruchsbescheid ______________
Hinweis auf Aktenanforderung direkt von der Widerspruchsbehörde an 1.

5. ☐ **anliegenden Beiladungsbeschluss beachten**

6. ☐ **PKH-Heft anlegen (in K-Sachen bis zur Entscheidung über PKH keine Kostenrechnung!)**

7. **Berichterstatter:** ______________

8. ☐ **Herrn/Frau BE vorab z. K.** ☐ **Herrn/Frau ER z. w. V.**

9. ☐ **kein Streitwertbeschluss nötig (in K-Sachen)**

10. ______________

11. **Wiedervorlage:** ______ 201 ___ (Begründung, Erwiderung, Vollmacht, Vorakten, Akteneinsicht, PKH)

12. **Beschluss**

Der Wert des Streitgegenstandes wird **vorläufig** auf ________ € festgesetzt (§ 52 GKG)

Hinweis: Der Beschluss ist unanfechtbar.

, ______ 201 ______

Der/Die Vorsitzende ______________

Zugleich mit der Zustellung wird der Beklagte aufgefordert, sich schriftlich zu äußern (*vgl. unten 5.3.4*), regelmäßig verbunden mit der Aufforderung, die Behördenakten vorzulegen (*vgl. unten 5.3.2*). Hierfür kann eine **Frist** gesetzt werden (§ 85 VwGO). § 85 VwGO gilt entsprechend für die Zustellung der Klage an andere Beteiligte, wie z. B. Beigeladene oder den VöI (*vgl. oben 3.4 und 3.5*).[51]

Die Erstzustellung geschieht in der Praxis regelmäßig gegen **Empfangsbekenntnis.** Das Empfangsbekenntnis hat – wie der Eingangsstempel (*vgl. oben 5.1*) – die Qualität einer **öffentlichen Urkunde** (§ 418 ZPO). Es ist vom Behördenleiter oder seinem Beauftragten (z. B. dem Rechtsamtsleiter, nicht aber von der nicht autorisierten Poststelle) ordnungsgemäß auszufüllen, zu unterschreiben und unverzüglich an das Gericht zurückzusenden. Der Empfänger ist verpflichtet, das Empfangsbekenntnis mit dem Datum zu versehen, an dem er das zuzustellende Schriftstück mit dem Willen entgegengenommen hat, es

51 Vgl. Kopp/Schenke, § 85 RdNr. 1.

zu behalten.[52] Die Zustellung der Klage ist mit dem im Empfangsbekenntnis angegebenen Datum bewirkt. Das datierte und unterschriebene Empfangsbekenntnis erbringt Beweis nicht nur für die Entgegennahme des darin bezeichneten Schriftstücks als zugestellt, sondern auch dafür, dass der darin genannte Zustellungszeitpunkt der Wirklichkeit entspricht.[53]

Mit der Einreichung der Klageschrift setzt das Gericht durch Beschluss sogleich den **Streitwert vorläufig** fest. Eine Anhörung der Beteiligten hierzu findet nicht statt. Wird eine bestimmte Geldsumme eingeklagt, so bedarf es keiner vorläufigen Streitwertfestsetzung, weil sich die Höhe des Streitwertes unmittelbar aus der eingeklagten Summe ergibt und diese als Berechnungsgrundlage für die Gerichtsgebühren dient (§ 1 Abs. 2 Nr. 2, § 63 Abs. 1 Satz 1, § 6 Abs. 1 Nr. 4, § 52 GKG). Zur Streitwertfestsetzung *vgl. unten 7.8.*

Muster: Gerichtliche Verfügung an Beklagten

Verwaltungsgericht Kirchheim

* Verwaltungsgericht Kirchheim * Postfach 84 42 * 12234 Kirchcheim *

Stadt Kirchheim
Markt 1
12234 Kirchheim

Unser Zeichen (Bitte stets angeben)	Ihr Zeichen, Ihre Nachricht vom	Durchwahl	Kirchheim
2 K 1459/09.Ki		123	14.6.2009

Verwaltungsstreitsache
Holger Gehrmann
gegen
Stadt Kirchheim

Sehr geehrte Damen und Herren,

die beiliegende hier am 11.6.2009 eingegangene Klageschrift wird Ihnen zunächst zur Kenntnisnahme zugestellt.

Sie werden gebeten, die einschlägigen Verwaltungsakten (einschließlich der Widerspruchsakten, soweit sie Ihnen vorliegen) vorzulegen. Auf Wunsch stehen Ihnen die Akten zur Fertigung der Klageerwiderung gegen Rücknahme wieder zur Verfügung.

52 BVerfG, NJW 2001, 1563.

53 BGH, VersR 1987, 385; BGH, NJW 1996, 2514 f.; an den grundsätzlich zulässigen Nachweis eines falschen Datums sind strenge Anforderungen zu stellen. Der Gegenbeweis ist nach einhelliger Meinung vollständig erst dann erbracht, wenn die Beweiswirkungen des § 212a ZPO entkräftet sind und jede Möglichkeit ausgeschlossen ist, dass die Angabe auf dem Empfangsbekenntnis richtig sein könnte, vgl. BGH, NJW 1996, 2514 und NJW 2001, 2722.

Die Akten sind (einmal) im Original, auf ihre Vollständigkeit überprüft, nach der zeitlichen Reihenfolge geordnet und geheftet sowie mit fortlaufenden Blattzahlen versehen, vorzulegen. Die Pflicht zur Aktenvorlage ergibt sich aus § 99 VwGO. Die dem Gericht vorgelegten Akten können nach § 100 VwGO von den Beteiligten eingesehen werden.

Sämtliche Schriftsätze werden 3-fach benötigt, damit den übrigen Verfahrensbeteiligten die erforderlichen Abschriften zugeleitet werden können. Andernfalls müssen diese Abschriften auf Ihre Kosten hergestellt werden.

Die anliegende Zweitschrift an die Gegenseite wird zur Kenntnisnahme beigefügt.

Mit freundlichen Grüßen

gez. Hammer
Vorsitzender Richter am VG

Muster: Empfangsbekenntnis

Absender:

Stadt Kirchheim
– Rechtsamt –
Markt 1
12234 Kirchheim

Rückantwort

Verwaltungsgericht Kirchheim
– Empfangsbekenntnis –
Maria-Hilf-Platz 2

12234 Kirchheim

Bitte sofort zurücksenden!

Empfangsbekenntnis

Az. VG Kirchheim
2 K 1459/09.Ki

Mein Zeichen
2334-5667/2

EMPFANGSBEKENNTNIS
über die Zustellung (§ 56 Abs. 2 VwGO i. V. m. § 174 ZPO)

Verwaltungsstreitsache
Holger Gehrmann
gegen
Stadt Kirchheim

Die am **11.6.2009** eingegangene Klage habe ich

am .... erhalten.

....
(Stempel und Unterschrift)

Bitte möglichst per Fax (01 6319 05-1 99) oder über Gerichtsfach zurücksenden!

☞ Die Behörde sollte vom Zeitpunkt der Erstzustellung an eine eigenständige »**Prozessakte**« anlegen, die von den übrigen Behördenakten getrennt geführt wird. Der Schriftverkehr des gerichtlichen Verfahrens gehört nicht mehr zum Verwaltungsverfahren (*vgl. zur Aktenvorlage unten 5.3.2*).

☞ Der mit der Führung des Prozesses beauftragte Behördenvertreter sollte sich bei Bedarf mit der oder den **fachlich zuständigen Organisationseinheiten** seiner Behörde in Verbindung setzen (und diese Verbindung halten), etwa um

- den Sachverhalt genauer kennenzulernen, insbesondere auch fachliche und tatsächliche Hintergründe und Zusammenhänge zu erfahren,
- sich in die Rechtslage einzuarbeiten,
- die Versendung der Behördenakten an das Gericht vorzubereiten (*vgl. unten 5.3.2*),
- das weitere taktische Vorgehen abzustimmen,
- Schriftsätze (wie z. B. eine Klageerwiderung, *vgl. unten 5.3.4*) an das Gericht vorzubereiten,
- fachliche Einflüsse und entscheidungserhebliche, etwa auch (kommunal-) politische Auswirkungen auf das laufende Verfahren berücksichtigen zu können,
- andere, nicht mit der Prozessführung befasste Organisationseinheiten, die Behördenleitung und Aufsichtsbehörden über Entwicklungen in der Verwaltungsrechtsprechung auf dem Laufenden zu halten.

☞ Der Kläger erhält gleichzeitig eine **Eingangsbestätigung**, aus der er das Eingangsdatum der Klage erfährt und in der ihm das **Aktenzeichen** mitgeteilt wird. Das Aktenzeichen ist der wichtigste Organisationsbestandteil der Gerichtsakte (*vgl. oben 2.9*). Schriftstücke können ohne Angabe des Aktenzeichens kaum zugeordnet werden. Der Kläger erhält außerdem die Mitteilung, wie viele Ausfertigungen von Schriftsätzen das Gericht künftig benötigt. Zur Vermeidung von Kosten (*vgl. oben 5.1*) sollte er diesen Hinweis im eigenen Interesse ernst nehmen.

Muster: Gerichtliche Eingangsbestätigung

Verwaltungsgericht Kirchheim

* Verwaltungsgericht Kirchheim * Postfach 84 42 * 12234 Kirchcheim *

Rechtsanwälte
Redlich und Prell
Blumenstraße 7
12234 Kirchheim

Unser Zeichen (Bitte stets angeben)		Ihr Zeichen, Ihre Nachricht vom		Durchwahl	Kirchheim
2 K 1459/09.Ki	33/09	123	14.6.2009		

Verwaltungsstreitsache Holger Gehrmann
gegen
Stadt Kirchheim

Sehr geehrte Herren Rechtsanwälte,

Ihre Klage ist am 11.6.2009 bei Gericht eingegangen und wird unter dem oben genannten Aktenzeichen geführt. Es wird gebeten, bei allen weiteren Eingaben nur noch dieses Aktenzeichen zu verwenden.

Die anliegende Zweitschrift an die Gegenseite wird zur Kenntnisnahme beigefügt.

Sämtliche Schriftsätze werden 3-fach benötigt, damit den übrigen Verfahrensbeteiligten die erforderlichen Abschriften zugeleitet werden können. Andernfalls müssen diese Abschriften auf Ihre Kosten hergestellt werden.

Sie werden gebeten, den angefochtenen Ausgangsbescheid im Original oder in Kopie vorzulegen.

Mit freundlichen Grüßen

gez. Hammer
Vorsitzender Richter am VG

Der aufgrund der Geschäftsverteilung (*vgl. oben 2.5*) bestimmte und zuständige **Berichterstatter** erhält sodann den Vorgang zur weiteren Bearbeitung (insbesondere zur Vorbereitung der Entscheidung) zugewiesen.

Nach Maßgabe von § 6 VwGO kann die Kammer durch einen (unanfechtbaren) **Beschluss** (*vgl. unten 7.4*) den Rechtsstreit einem ihrer Mitglieder als **Einzelrichter** übertragen.

Muster: Einzelrichterübertragung

Einzelrichterübertragung

Verwaltungsgericht

Az.: ______________

Beschluss

in dem Verwaltungsrechtsstreit

gegen

beigeladen /beteiligt

hat die _____ Kammer des Verwaltungsgerichts

PräsVG/VizepräsVG/VRVG/RVG* ______________________________ (*als Vorsitzende/r)
Richter/in am VG ______________________________
Richter/in am VG ______________________________

am ____________ 20 ________ beschlossen:

Der Rechtsstreit wird dem Einzelrichter übertragen (§ 6 Abs. 1 VwGO).

Der Beschluss ist unanfechtbar (§ 6 Abs. 4 VwGO).

____________________ ____________________ ____________________

Der Rechtsstreit wird dem Einzelrichter übertragen (§ 76 Abs. 1 AsylVfG).

Der Beschluss ist unanfechtbar (§ 80 AsylVfG).

____________________ ____________________ ____________________

Verfügung:

1. Beschlussausfertigung an Beteiligte z.K. ☐ **formlos** ☐ – ZU – EB –
2. Einzelrichtervermerk auf Aktendeckel anbringen
3. Herrn/Frau ________________ als Einzelrichter(in) bzw. WV: ____________________

, ____________ 20 ________ *Der/Die Versitzende/Berichterstatter(in)*

Stellt das Gericht seine örtliche, sachliche oder instanzielle **Unzuständigkeit** (*vgl. oben 2.3*) fest oder ist der **Verwaltungsrechtsweg** (*vgl. oben 2.2*) nicht eröffnet, so wird der Rechtsstreit nach Anhörung der Beteiligten durch Beschluss an das zuständige Gericht verwiesen (§ 17a Abs. 2 GVG). Falls die zunächst mit dem Fall befasste Kammer eines Verwaltungsgerichts für die zu treffende Entscheidung nicht zuständig ist, wird der Vorgang formlos an die nach dem Geschäftsverteilungsplan (*vgl. oben 2.5*) zuständige Kammer abgegeben. Ändert sich hierdurch das **Aktenzeichen**, teilt der nunmehr zuständige Spruchkörper den Beteiligten diese Änderung mit.

Zur **Prozessleitung** im Übrigen *vgl. unten 5.4*.

Für **Anträge auf Gewährung einstweiligen Rechtsschutzes** (§§ 80 Abs. 5, 80a, 123 VwGO) gelten die vorstehenden Ausführungen entsprechend.

5.3 Die Amtsermittlung

§ 86 Abs. 1 Satz 1 VwGO statuiert die Verpflichtung des Gerichts, den **Sachverhalt von Amts wegen zu erforschen** (sog. **Untersuchungsgrundsatz**). Es kann die Beteiligten (*vgl. oben 3.*) zur Mitwirkung anhalten, ohne jedoch an ihr Vorbringen und an ihre Beweisanträge (*vgl. unten 5.5*) gebunden zu sein (zur Mitwirkungspflicht *vgl. auch unten 5.4.1*).

Dieser wesentliche Unterschied zum Zivilprozess[54] sollte auch in den vorbereiteten **Schriftsätzen** deutlich zum Ausdruck kommen. Es ist keinesfalls erforderlich (und zeugt eher von mangelnder Praxiserfahrung), wenn für jede Tatsache von vornherein »Beweis« angeboten oder das Vorbringen der Gegenseite »bestritten« wird. Empfehlenswert ist jedoch eine gestraffte Darstellung des Sachverhalts, auf der die rechtliche Würdigung aus der Sicht des jeweiligen Beteiligten aufbaut. Dem Berichterstatter, der sich im Unterschied zu den Beteiligten zunächst in die Sache einarbeiten muss, wird sich der Fall so am ehesten strukturell erschließen.

In der Erstellung und Abfassung von Schriftsätzen liegt der Schwerpunkt der Verfahrensführung. Auf die **Anfertigung von Schriftsätzen** sollten folgende **Grundsätze** beherzigt werden.

- Alle Schriftsätze sollten vom Grundsatz der **Sachlichkeit** bestimmt sein. Über- und Untertreibungen, Floskeln[55], Ironie und Zynismus sind ebenso wie persönliche Angriffe fehl am Platz. Dies gilt auch, wenn andere Beteiligte emotional reagieren. Einem Verwaltungsrechtsstreit liegen immer konträre Auffassungen zugrunde. Meistens fühlt sich der klagende Bürger von der beklagten Behörde ungerecht behandelt. Er wird ihr deshalb nicht nur formal als Gegner gegenüberstehen, sondern möglicherweise recht emotional, gelegentlich sogar feindselig reagieren. Wenn ein einzelner Bürger, der sich »klein« vorkommt, gegen den aus seiner Sicht übermächtigen Staat klagt, gewinnt ein solch scheinbar ungleiches Verhältnis manchmal den Beigeschmack einer Donquichotterie. Sollten Eskalationen oder gar Beleidigungen usw. zu befürchten sein, so kann das Gericht gebeten werden, den jeweiligen Beteiligten zur Rückkehr zur Sachlichkeit aufzufordern. Drohungen mit Strafanzeigen sind selten förderlich.
- Der Inhalt von Schriftsätzen sollte sich auf **das Wesentliche** beschränken. Kürze und Prägnanz machen einen besseren Eindruck als voluminöse und weitschweifende Schriftsätze, in denen der Bearbeiter sein Wissen ausbreitet, substantiell aber kaum Neues beiträgt. Regelmäßig erzielen solche Schriftsätze auch bessere prozessuale Effekte, denn kaum jemand liest gern lange Schriftsätze. Lassen sich längere Ausführungen nicht vermeiden, sollte der Inhalt systematisch aufgebaut, gut gegliedert und mit Zwischenüberschriften oder einer Nummerierung versehen werden. Ein ansprechendes Äußeres tut auch Schriftsätzen gut!
- Die **Beteiligten** (*vgl. oben 3*) sind mit ihrer prozessualen Stellung (z. B. »*der Beklagte*«, nicht: »der Landkreis ...«; »*die Kläger*«, nicht: »die Eheleute Grundmann«; »*der Beigeladene zu 3.*«; nicht: »Herr Reichart«) anzugeben. Die korrekte Bezeichnung der Prozessstellung ist für vorbereitende Schriftsätzen zwar nicht zwingend vorgeschrieben. Sie zeugt aber von Professionalität und erleichtert die Verfahrensführung. Sie orientiert sich darüber hinaus

54 Dort gilt der sog. Beibringungsgrundsatz.

55 Z. B. ist manchmal die Unsitte zu beobachten, das Gericht »höflichst« um etwas zu bitten. Der Antrag gewinnt durch solche übertriebenen Unterwerfungsgesten nicht an Erfolgsaussichten.

an den gesetzlichen Erfordernissen des § 117 Abs. 2 Nr. 1 VwGO. Zur **Beklagten**bezeichnung *vgl. oben 5.1.* Die erstinstanzliche Beteiligtenstellung kann auch im Rechtsmittelverfahren beibehalten werden!

☞ – **Bevollmächtigte** treten nicht im eigenen Namen, sondern anstelle ihrer Auftraggeber auf. Zutreffend sind daher Formulierungen zu verwenden, die diesem Vertretungsverhältnis gerecht werden: **Beispiel:** »*Der Klägerin ist in ihrem Vortrag insoweit nicht zu folgen, als sie behauptet* ...«; nicht: »*Die Bevollmächtigten der Klägerin irren, wenn sie glauben* ...«

☞ – Die Waffe der Juristen ist das Wort. **Sprache**, Stil, Interpunktion, Ausdruck und Grammatik sollten einwandfrei sein.[56] Verfasser von Schriftsätzen müssen sich bewusst sein, dass ihre Ausarbeitungen nicht nur dem Gericht, sondern auch den anderen Prozessbeteiligten, in der mündlichen Verhandlung sogar der Öffentlichkeit und mitunter auch Medien, zur Kenntnis gelangen und deshalb ein »Aushängeschild« der Behörde darstellen.

☞ – **Anreden** (z. B. »*Werter Herr Vorsitzender*« oder: »*Hohes Gericht*«) und **Grußformeln** sind in Schriftsätzen zwar nicht zwingend. Andererseits sind sie unschädlich, soweit sie nicht – wie die vorstehenden Beispiele – antiquiert oder gar lächerlich wirken (z. B. die Anrede des Vorsitzenden mit »*Euer Ehren*«). Verwaltungsgerichte verwenden Anreden und Grußformeln aus Gründen der Bürgerfreundlichkeit.

☞ – Schriftsätze sollten entweder im Original (mit der erforderlichen Zahl von Abdrucken) oder – aber nur ausnahmsweise – **»vorab per Telefax«** eingereicht werden. Doppelsendungen sind oftmals entbehrlich und unnütz.[57]

☞ – Die vom Gericht geforderte Anzahl von **Abschriften** sollte vorgelegt werden. Andernfalls erstellt das Gericht – auf Kosten des Verursachers – Kopien.

☞ – Können vom Gericht gesetzte Fristen nicht eingehalten werden, sollte rechtzeitig um **Fristverlängerung** nachgesucht werden. Meist wird eine solche Verlängerung zumindest dann problemlos gewährt, wenn dem Gericht die Hinderungsgründe dargelegt werden. Behörden sollten sich darauf einstellen, dass die Gerichte die (z. B. urlaubsbedingte) Abwesenheit einzelner Sachbearbeiter nicht immer akzeptieren. Die Pflicht der Beteiligten zur Verfahrensförderung gebietet insbesondere bei Behörden, dass Abwesenheitsvertreter in der Lage sind, notwendige Handlungen vorzunehmen, Stellungnahmen abzugeben u. Ä. Es darf erwartet werden, dass sich »verfahrensfremde« Mitarbeiter in einen Vorgang einarbeiten.

---

56 Vgl. dazu (und vor allem zu Negativbeispielen) im Einzelnen Ebert, »Die Amtssprache ist deutsch« oder Qualität not – Ein Beitrag zur Selbstkritik der Verwaltung, KommP MO Nr. 5/1999, S. 138 ff.

57 Vgl. Ebert, Vorab per Telefax! – Vom Nutzen und von Auswüchsen der Behördenkommunikation, KommP MO Nr. 2/2000, S. 41 ff.

Muster: Gerichtliche Fristverlängerung

Verwaltungsgericht Kirchheim

* Verwaltungsgericht Kirchheim * Postfach 84 42 * 12234 Kirchcheim *

Rechtsanwälte
Redlich und Prell
Blumenstraße 7

12234 Kirchheim

Unser Zeichen (Bitte stets angeben)	Ihr Zeichen, Ihre Nachricht vom	Durchwahl	Kirchheim
2 K 1459/09.Ki	**33/09**	123	22.7.2011

Verwaltungsstreitsache
Holger Gehrmann
gegen
Stadt Kirchheim

Sehr geehrte Herren Rechtsanwälte,

die beantragte Fristverlängerung wird bewilligt.

Mit freundlichen Grüßen

gez. Zange
Richterin am VG

Änderungen während des Verfahrens, die eine **Änderung von Schriftsätzen** erfordern, sollten dem Gericht unverzüglich per Schriftsatz mitgeteilt werden. **Beispiel:**

»Eine erneute Baubesichtigung am ... hat ergeben, dass der Kläger inzwischen mit dem Rückbau begonnen hat. Unseren Schriftsatz vom ... bitten wir hinsichtlich dieses Umstandes als gegenstandslos zu betrachten.«

Das Gericht wird im weiteren Lauf des (vorbereitenden) Verfahrens erforderlichenfalls zu **Ergänzungen** auffordern (vgl. § 86 Abs. 3, § 87 Abs. 1 Satz 2 Nr. 2 VwGO; *vgl. unten 5.4.1*). Bei Unklarheiten kann das Gericht um einen **richterlichen Hinweis** gebeten werden.

Beispiel:

»Falls die Kammer die Benennung der übrigen Nachbarn des Klägers für erforderlich hält, bittet die Beklagte um einen richterlichen Hinweis. Sie wird dann die entsprechenden Namen und Anschriften feststellen und dem Gericht mitteilen ...«

Die für die Entscheidung maßgeblichen **Rechtsvorschriften** hat das Gericht festzustellen und im Rahmen des geltenden Prozessrechts und des maßgeblichen materiellen Rechts anzuwenden. Dennoch wird (und muss) das Gericht häufig Gelegenheit geben, zur Rechtsauffassung Beteiligter Stellung zu nehmen. Die Beteiligten sollten diese Gelegenheit intensiv nutzen und ihre Standpunkte deutlich machen.

5.3.1 Die Ermittlungsgrundsätze

Die Aufklärungspflicht des Verwaltungsgerichts erstreckt sich auf **alle entscheidungserheblichen Tatsachen**, die mit **erreichbaren Beweismitteln** feststellbar sind. Zur Beweisaufnahme im Einzelnen *vgl. oben 3.7 und unten 5.5.*

Dass das Gericht die verfassungsrechtlichen Verfahrensgrundsätze, insbesondere das **Rechtsstaatsprinzip** (Art. 20 Abs. 3 GG) und den Anspruch der Beteiligten auf **rechtliches Gehör** (Art. 103 Abs. 1 GG), zu beachten hat, versteht sich von selbst.

5.3.2 Die Aktenvorlage

☞ § 99 Abs. 1 Satz 1 VwGO verpflichtet **Behörden** zur **Vorlage von** Urkunden oder **Akten** und zu **Auskünften**. Die Entscheidung darüber, welche Akten vorzulegen sind, obliegt dem Gericht (§ 86 Abs. 1 VwGO). Im Zweifelsfall sollte das Gericht um einen Hinweis gebeten werden. Das Gericht kann einen Beweisbeschluss erlassen (§ 96 VwGO). Zweckmäßigerweise werden die Akten zusammen mit der Klageerwiderung übersandt (*vgl. unten 5.3.4*).

Die Akten sind dem Gericht grundsätzlich

- im **Original**,
- **vollständig**,
- in historischer Reihenfolge **geordnet**,
- fortlaufend mit **Seitenzahlen** versehen (nummeriert, paginiert)

vorzulegen. Diese Pflicht setzt eine einwandfreie behördliche **Aktenführung** voraus. Immer sollte bedacht werden, dass die übrigen Beteiligten im Verwaltungsgerichtsverfahren ein Akteneinsichtsrecht haben (*vgl. unten 5.3.3*). Die vielfach zu beobachtende Praxis, dass Behörden dem Verwaltungsgericht lediglich einen Packen von **Kopien** zuleiten, ist unstatthaft. Sie gleicht einer Missachtung des Gerichts. Zudem kann ein solches Vorgehen den Eindruck erwecken, die Behörde misstraue dem Gericht oder sie habe etwas zu verbergen. Außerdem gibt es eine Reihe bedeutender Gründe, die die Vorlage von Originalen erfordern: Vielfach lassen sich entscheidungserhebliche Tatsachen eindeutig nur anhand der Originalakten feststellen (z. B. ein kaum noch lesbarer Stempel, kopierte Fotos weisen eine schlechtere Qualität auf als Originale usw.).

☞ Werden Widerspruchsakten nach Abschluss des Vorverfahrens nicht zusammen mit den Verfahrensakten von der Ausgangsbehörde, sondern bei der Widerspruchsbehörde getrennt geführt,[58] so trifft die beklagte Ausgangsbehörde die Pflicht, die Widerspruchsbehörde auf das anhängige Verfahren aufmerksam zu machen und dafür zu sorgen, dass auch die Widerspruchsakten dem Gericht vorgelegt werden.

58 Gegenstand der Anfechtungs- und Verpflichtungsklage ist der ursprüngliche Verwaltungsakt in Gestalt des Widerspruchsbescheids, vgl. § 79 VwGO. Das Widerspruchsverfahren ist Bestandteil des Verwaltungsverfahrens. Dennoch ist die Praxis der Aktenführung uneinheitlich.

Umfangreichen Akten sollten **Inhaltsverzeichnisse** vorangestellt werden, um die Handhabung des Akteninhalts für alle Beteiligten zu erleichtern.

Das Gericht kann seinem Verlangen nach Aktenvorlage im Beschlusswege Nachdruck verleihen (*vgl. dazu näher unten 7.4.1*). **Beispiel:**

»Dem Antragsgegner wird aufgegeben, dem Gericht innerhalb von drei Tagen nach Zustellung dieses Beschlusses die Bewerbungs- und Personalakten der Antragstellerin sowie die im Zusammenhang mit dem Verfahren zur Berufung des Stadtkämmerers entstandenen Verfahrensakten einschließlich der Personalakten der drei erstplatzierten Bewerber vollständig, geordnet und mit Blattzahlen versehen vorzulegen.

Gründe:

Der Antragsgegner hat es bisher trotz mehrfacher gerichtlicher Aufforderung unterlassen, der Kammer die für die zu treffende Entscheidung erforderlichen Unterlagen und Akten vorzulegen, obwohl er hierzu nach § 99 Abs. 1 Satz 1 VwGO verpflichtet ist und ein Auskunftsverweigerungsrecht nach § 99 Abs. 1 Satz 2 VwGO ersichtlich nicht besteht.«

In den (seltenen) Fällen des § 99 Abs. 1 Satz 2 VwGO kann die Behörde die Aktenvorlage und die Auskunfterteilung verweigern (**Sperrerklärung**). Wenn Beteiligte die Rechtmäßigkeit der Sperrerklärung anzweifeln, stellt das Oberverwaltungsgericht in einem sog. »in-camera-Verfahren« fest, ob die Verweigerung der Aktenvorlage rechtmäßig ist. Es handelt sich hierbei um ein Zwischenverfahren. Rechtsmittelgericht ist das Bundesverwaltungsgericht (§ 99 Abs. 2 VwGO).

Nach Erledigung des Verfahrens sendet das Gericht der ersten Instanz die Behördenakten unaufgefordert zurück.

5.3.3 Die Akteneinsicht

§ 100 VwGO gibt den Beteiligten einen grundsätzlichen Anspruch auf Einsicht in die **Gerichtsakten** und in die dem Gericht vorgelegten oder von ihm beigezogenen **Behördenakten**. Die Vorschrift regelt alle wesentlichen Einzelheiten.

Muster: Gewährung von Akteneinsicht

Verwaltungsgericht Kirchheim

* Verwaltungsgericht Kirchheim * Postfach 84 42 * 12234 Kirchheim *

Rechtsanwälte
Redlich und Prell
Blumenstraße 7
12234 Kirchheim

Unser Zeichen (Bitte stets angeben)	Ihr Zeichen, Ihre Nachricht vom	Durchwahl	Kirchheim
2 K 1459/09.Ki	33/09	123	9.7.2009

Verwaltungsstreitsache
Holger Gehrmann
gegen
Stadt Kirchheim

Sehr geehrte Herren Rechtsanwälte,

gemäß Ihrem Antrag werden Ihnen anliegend

1 Band Gerichtsakten
2 Bände Verwaltungsakten

zum Zwecke der Akteneinsicht mit der Bitte um Rückgabe binnen 2 Wochen übersandt.

Mit freundlichen Grüßen

Auf Anordnung:
Urkundsbeamtin der Geschäftsstelle

Für die Akteneinsicht können Kosten (§ 28 Abs. 2 GKG) in Höhe einer Dokumentenpauschale von 12 EUR – bzw. von 5 EUR bei elektronischen Akten – entstehen (Kostenverzeichnis Nr. 9003).

5.3.4 Die Klageerwiderung

Nach Zustellung der Klageschrift erwidert der Beklagte regelmäßig im Wege eines Schriftsatzes auf den Inhalt der Klage unter tatsächlichen und rechtlichen Gesichtspunkten (*vgl. oben 5.2*).

☞ Für Behörden empfiehlt sich an dieser Stelle eine gründliche Abwägung des Prozessrisikos (*vgl. dazu näher unten 6*). Es sollte genauestens erwogen werden, ob eine sog. **Klaglosstellung** nicht das geringere Übel gegenüber möglicherweise hohen Prozesskosten und einem eventuell wenig schmeichelhaften Urteilsinhalt (einschließlich etwaiger unkalkulierbarer Reaktionen seitens Medien, Öffentlichkeit, Aufsichtsbehörden usw.) ist. Im Falle einer Klaglosstellung kommt die Beendigung des Rechtsstreits durch Erledigung der Hauptsache, Klagerücknahme oder (gerichtlichen oder außergerichtlichen) Vergleich in Betracht (zur Problematik *vgl. auch unten 7.1*).

☞ Hält die Behörde an ihrer bisherigen Auffassung uneingeschränkt fest, so wird sie in der Klageerwiderung **beantragen, die Klage abzuweisen**. Um die Prozessaussichten möglichst hinreichend beurteilen zu können, muss eine Klage auf ihre Erfolgsaussichten geprüft werden. Die beklagte Behörde hat die Klage rechtlich auf ihre Zulässigkeit und Begründetheit zu überprüfen. Diese Überprüfung gleicht der des Verwaltungsgerichts, wenngleich die Behörde stets um die Verteidigung ihrer Position und um eine für sie günstige Entscheidung bemüht sein wird. In der Klageerwiderung sollte auf die Punkte eingegangen werden, die der Zulässigkeit und/oder Begründetheit der Klage (möglicherweise) entgegenstehen. Zwar muss das Gericht alle Prozessvoraussetzungen von Amts wegen prüfen, ein Hinweis auf Mängel kann aber jedenfalls nicht schaden. Da dem Beklagten der Zeitpunkt des Eingangs der Klage bei Gericht mitgeteilt wird und der Behörde etwaige Zustellungsnachweise vorliegen, ist insbesondere eine Prüfung der Klagefrist zumeist ohne großen Aufwand möglich.

Es kann Situationen geben, in denen es ratsam ist, keinen Klageabweisungsantrag zu stellen. Verweigert z. B. eine Gemeinde in einem Bauprozess zu Unrecht die Erteilung des gemeindlichen Einvernehmens zu einem genehmigungspflichtigen und -fähigen Vorhaben, so kann das Gericht der (beigeladenen) Gemeinde die Kosten auferlegen, ohne dass die beklagte Baubehörde Klageabweisung beantragt (§ 155 Abs. 5 VwGO). Jedoch ist diese Praxis nicht bei allen Verwaltungsgerichten eingeführt.

Muster: Klageerwiderung

Stadt Kirchheim

Oberbürgermeister Datum

Verwaltungsgericht Kirchheim
Maria-Hilf-Platz 2
12234 Kirchheim

Verwaltungsstreitverfahren	Holger Gehrmann gegen Stadt Kirchheim **Az.: 2 K 1459/09.Ki**

2 Abdrucke dieses Schriftsatzes
2 Heftungen Verwaltungsakten

In o. g. Verwaltungsstreitverfahren lege ich die einschlägigen Behördenakten (1 Heftung der Beklagten, 1 Heftung Widerspruchsvorgang) vor.

Die Beklagte beantragt,

die Klage abzuweisen.

Zum einen ist die Klage unzulässig. Der Kläger hat die gesetzliche Klagefrist des § 74 Abs. 1 Satz 1 VwGO nicht eingehalten. Der mit ordnungsgemäßer Rechtsbehelfsbelehrung versehene Widerspruchsbescheid des Regierungspräsidiums … vom … wurde dem Kläger ausweislich der auf Bl. 49 der Widerspruchsakte enthaltenen Zustellungsurkunde durch Niederlegung am … zugestellt. Demzufolge ist die einmonatige Klagefrist am … abgelaufen. Wie der Eingangsbestätigung des Gerichts vom … zu entnehmen ist, ist die Klage aber erst am …, mithin verspätet, bei Gericht eingegangen.

Gründe für eine Wiedereinsetzung in den vorigen Stand (§ 60 VwGO) hat der Kläger nicht vorgetragen. Es sind auch keine Gründe für eine Wiedereinsetzung von Amts wegen ersichtlich …

Zum anderen ist die Klage aber auch unbegründet. Die angegriffenen Bescheide erweisen sich als formell und materiell rechtmäßig. Sie verletzen den Kläger nicht in seinen Rechten. Der Kläger vertieft in der Klagebegründung seinen Vortrag aus dem Verwaltungsverfahren. Neue Tatsachen, die eine andere als die getroffene rechtliche Würdigung zuließen, trägt er jedoch nicht vor. Zur Vermeidung von Wiederholungen nimmt die Beklagte daher auf ihre – auch von der Widerspruchsbehörde bestätigte – Rechtsauffassung in den angegriffenen Bescheiden Bezug.

Weiterer Vortrag bleibt für den Fall vorbehalten, dass die Klage noch weiter begründet und nicht mangels Erfolgsaussichten oder zur Vermeidung weiterer erheblicher Kosten zurückgenommen wird.

Im Auftrag

Dr. Alexander Schmidt
Stadtoberrechtsrat

☞ Sofern bereits eine Klagebegründung vorliegt, sollte sich die Klageerwiderung mit den wesentlichen Argumenten des Klägers auseinander setzen. Enthält die Klagebegründung keinen neuen Tatsachenvortrag bzw. keine neuen rechtlichen Aspekte, so genügt es im Regelfall, wenn die beklagte Behörde auf ihren bisherigen Standpunkt verweist, der aus Bescheiden, Schreiben usw. deutlich wird.

Fehlt die Klagebegründung, so reicht die Ankündigung weiteren Vortrags für den Fall aus, dass die Klage noch begründet wird.

Beispiel:

»Die Klage ist zwar zulässig, aber unbegründet. Der angegriffene Bescheid ist formell und materiell rechtmäßig und verletzt die Kläger nicht in ihren Rechten. Aus der Begründung des Bescheids gehen die Gründe, aus denen den Klägern der behauptete Anspruch nicht zusteht, im Einzelnen hervor. Der Beklagte nimmt hierauf Bezug und behält sich weiteren Vortrag für den Fall vor, dass die Klage noch begründet wird.«

☞ **Anträge** wie »… *die Klage **kostenpflichtig** abzuweisen*« u. Ä. sollten unterbleiben. Es reicht aus, in der Klageerwiderung einen schlichten Antrag auf Klageabweisung zu stellen, wenn die Klage unzulässig oder zwar zulässig, aber unbegründet ist. Weitergehende Anträge (wie in vorstehendem Beispiel) entfalten allenfalls gegenüber dem Prozessgegner eine »moralische« Wirkung; sie sind aber für das Verfahren wertlos. Denn die **Nebenentscheidungen** (z. B. Kosten, vorläufige Vollstreckbarkeit, Streitwert) hat das Gericht von Amts wegen oder auf Antrag anderer Beteiligter (z. B. Wiedereinsetzung in den vorigen Stand) zu treffen. *Vgl. im Einzelnen auch oben 5.3 und unten 7.1.*

Mit der Klageerwiderung legt die Behörde regelmäßig ihre **Akten** vor (*vgl. oben 5.3.2*).

5.4 Die Prozessleitung

Die §§ 87, 87a und 87b VwGO betreffen Einzelheiten der Prozessleitung durch das Gericht, d. h. grundsätzlich durch den Vorsitzenden oder Berichterstatter.

Prozessleitende Verfügungen, Aufklärungsanordnungen, Beschlüsse über eine Vertagung oder die Bestimmung einer Frist und eine Reihe anderer Entscheidungen sind einer **Beschwerde** nicht zugänglich (§ 146 Abs. 2 VwGO). Zur Einlegung einer **Erinnerung** *vgl. unten 5.6. und 8.7.*

☞ **Nachfragen** Beteiligter bei Gericht nach der Anberaumung eines Termins oder wann mit einer Entscheidung zu rechnen sei, sind nur selten sinnvoll. Sie führen nicht nur wegen des mit ihrer Beantwortung verbundenen Aufwands bisweilen zu Irritationen oder Verärgerung, zumindest aber zu Zeitverlust. Vor allem tragen sie aber auch in keiner Weise zur Beschleunigung des Verfahrens bei. Die Verwaltungsgerichte bearbeiten die bei ihnen anhängigen Fälle grundsätzlich nach der **Reihenfolge der Eingänge**. Eilverfahren oder andere besondere Gründe (z. B. Wechsel des Berichterstatters) können zur Durchbrechung dieser Reihenfolge führen. Die Verwaltungsgerichte sind regelmäßig stark belastet, eine mehrmonatige oder mehrjährige **Verfahrensdauer** ist keine Seltenheit.

5.4.1 Die Vorbereitung der mündlichen Verhandlung

Die Beteiligten (*vgl. oben 3*) sollen zur Vorbereitung der mündlichen Verhandlung **Schriftsätze** einreichen (*s. dazu auch oben 5.3*). Der Vorsitzende kann sie hierzu unter **Fristsetzung** auffordern (§ 86 Abs. 4 Satz 1 und 2 VwGO). Alle Schriftsätze sind den Beteiligten von Amts wegen (formlos) zu übersenden (§ 86 Abs. 4 Satz 3 VwGO). Diese Übersendung geschieht entweder

- zur **Kenntnisnahme** oder
- zur Kenntnisnahme und **Gelegenheit zur Stellungnahme** oder
- zur Kenntnisnahme und **Stellungnahme.**

Muster: Gerichtliche Verfügung

Verwaltungsgericht Kirchheim

* Verwaltungsgericht Kirchheim * Postfach 84 42 * 12234 Kirchheim *

Stadt Kirchheim
Markt 1
12234 Kirchheim

Unser Zeichen (Bitte stets angeben)	Ihr Zeichen, Ihre Nachricht vom	Durchwahl	Kirchheim
2 K 1459/09.Ki	1447-03/27a	123	23.7.2009

Verwaltungsstreitsache
Holger Gehrmann
gegen
Stadt Kirchheim

Sehr geehrte Damen und Herren,

anliegenden Schriftsatz vom 21.7.2009 erhalten Sie zur Kenntnisnahme und mit der Bitte um Stellungnahme binnen eines Monats.

Mit freundlichen Grüßen
Auf Anordnung:

Urkundsbeamter der Geschäftsstelle

Der Vorsitzende oder der Berichterstatter hat schon vor der mündlichen Verhandlung alle **Anordnungen** zu treffen, die notwendig sind, um den Rechtsstreit möglichst in einer mündlichen Verhandlung zu erledigen (§ 87 Abs. 1 Satz 1 VwGO). Er kann insbesondere (§ 87 Abs. 1 Satz 2 VwGO)

- die Beteiligten zu einem **Erörterungstermin** laden (*vgl. dazu unten 5.4.8*),
- einen **Vergleich** entgegennehmen (*vgl. unten 7.5*),
- den Beteiligten die **Ergänzung** oder **Erläuterung** ihrer vorbereitenden Schriftsätze aufgeben,

Muster: Gerichtliche Aufklärungsverfügung

Verwaltungsgericht

Verfügung (§§ 87b oder 92 VwGO)

1. Schreiben an

☐ **Kläger/Antragst.** ☐ **Beklagter/Antragsg.** ☐ **Beigeladener**
Bevollmächtigten – Vertreter **– zustellen –**

☐ freier Text Sie werden aufgefordert, ______________________________
____
____
______________________________ (siehe Anlage)

☐ 175/176 Sie werden aufgefordert, die Tatsachen anzugeben sowie die Beweismittel zu bezeichnen, durch deren Berücksichtigung oder Nichtberücksichtigung im Verwaltungsverfahren der/die Kläger/in/nen* – Sie* – sich beschwert fühlt/fühlen.

* Nichtzutreffendes bitte streichen

☐ 173 Ihnen wird eine Frist ☐ bis __________
☐ von __________ Woche(n) eingeräumt.

☐ 174 Sie werden darauf hingewiesen, dass das Gericht Erklärungen und Beweismittel, die erst nach Ablauf der Frist vorgebracht werden, zurückweisen und ohne weitere Ermittlungen entscheiden kann, wenn ihre Zulassung nach der freien Überzeugung des Gerichtes die Erledigung des Rechtsstreites verzögern würde und Sie die Verspätung nicht genügend entschuldigen (§ 87b VwGO).

☐ 177/178 Sollten Sie trotz obiger Aufforderung das Verfahren länger als zwei Monate nicht betreiben, so gilt die Klage als zurückgenommen (§ 92 Abs. 2 Satz 1 VwGO). – Der/Die Kläger/in/nen* – Sie* , – hat/haben dann die Kosten des Rechtsstreits zu tragen (§ 155 Abs. 2 VwGO).

* Nichtzutreffendes bitte streichen

2. Durchschrift von Nr. 1 an

Beklagten/Antragsgegner – Bev. – Vertr. **formlos – zustellen**
☐ 040 Abschrift gerichtl. Verf. zur Kenntnis

Beigeladenen – Bev. – Vertr. **formlos – zustellen**
☐ 040 Abschrift gerichtl. Verf. zur Kenntnis

3. Wiedervorlage ____________ 201__

____________ 201__

DER/DIE VORSITZENDE/BERICHTERSTATTER(IN)/EINZELRICHTER(IN)

- die Vorlegung von **Urkunden** und anderen Gegenständen verlangen,
- **Auskünfte** einholen,

Muster: Gerichtliche Aufenthaltsermittlung

Einwohnermeldeamt

Ihr Zeichen Unser Zeichen (bitte angeben) Durchwahl

Aufenthaltsermittlung

Es wird gebeten, den Aufenthalt und die jetzige Wohnung der nachstehend aufgeführten Person – gegebenenfalls durch Nachfrage bei den Angehörigen – zu ermitteln und die vollständige Adresse anzugeben.

Sollte der/die Genannte nicht zu ermitteln sein, so wird gebeten, dies umgehend mitzuteilen und im Falle späterer Ermittlung sofort Nachricht zu geben.

☐ Auskunft aus dem Melderegister genügt nicht.

Name:
Vorname:
Zusatz:
Staatsangehörigkeit:
Geburtsdatum:
Geburtsort:
Letzte bekannte Anschrift:

Mit freundlichen Grüßen

Justizsekretärin
als Urkundsbeamtin der Geschäftsstelle

- das **persönliche Erscheinen** der Beteiligten (*vgl. oben 3*) anordnen; § 95 VwGO gilt entsprechend (*vgl. dazu unten 5.4.7*),
- **Zeugen** und **Sachverständige** zur mündlichen Verhandlung laden (*vgl. dazu oben 3.7 und 3.8*),
- **Verwaltungsbehörden** Gelegenheit zur **Heilung von Verfahrens- und Formfehlern**[59] geben (*vgl. auch oben 4.9 und unten 5.4.4*),
- in Ausnahmefällen einzelne Beweise erheben (§ 87 Abs. 3 VwGO).

Die Beteiligten sind von jeder Anordnung zu benachrichtigen (§ 87 Abs. 2 VwGO).

Eine Verletzung der den Beteiligten obliegenden **Mitwirkungspflichten** kann gravierende prozessuale Folgen nach sich ziehen. Etwa kann in den Fällen des § 87b VwGO **verspätetes Vorbringen** zurückgewiesen und eine Entscheidung ohne weitere Ermittlungen getroffen werden. Unter den Voraussetzungen des § 92 Abs. 2 VwGO gilt sogar die Klage als zurückgenommen.

5.4.2 Die Verfahrensverbindung und die Verfahrenstrennung

Durch Beschluss kann das Gericht mehrere bei ihm anhängige Verfahren über den gleichen Gegenstand **zu gemeinsamer Verhandlung und Entscheidung** verbinden und wieder trennen.

Beispiel:

»Die Verfahren 9 M 714.10 und 9 M 715.10 werden zur gemeinsamen Verhandlung und Entscheidung verbunden. Das Verfahren 9 M 714.10 wird zum führenden Verfahren bestimmt.«

59 Vgl. § 45 Abs. 2 VwVfG sowie hinsichtlich ergänzbarer Ermessenserwägungen § 114 Satz 2 VwGO.

Das Gericht trennt ein einzelnes Verfahren regelmäßig dann, wenn ein abtrennbarer Teil erledigt ist.

Beispiel:

»Das Verfahren wird eingestellt, soweit die Klage zurückgenommen ist. Im Übrigen wird das Verfahren abgetrennt und unter dem neuen Aktenzeichen A 324.10 fortgeführt.«

Das Gericht kann auch anordnen, dass mehrere in einem Verfahren erhobene Ansprüche (zur objektiven Klagehäufung *vgl. oben 5.1*) in getrennten Verfahren verhandelt und entschieden werden (§ 93 VwGO).

Der Beschluss ist jederzeit abänderbar und unanfechtbar (§ 146 Abs. 2 VwGO).

5.4.3 Die Beiladung

Am Verfahren zunächst nicht beteiligte Personen können auf Beschluss des Gerichts beigeladen werden (§§ 65, 66 VwGO; *vgl. oben 3.4*). Die Beiladung ist unanfechtbar (§ 65 Abs. 4 Satz 3 VwGO).

Muster: Beiladungsbeschluss

Verwaltungsgericht

Az.: ______________

Beschluss

In dem Verwaltungsrechtsstreit

gegen

beigeladen/beteiligt:

hat die _____ Kammer des Verwaltungsgerichts ______ durch

PräsVG/VizepräsVG/VRVG/RVG ______________________

Richter/in am VG ______________________

Richter/in am VG ______________________

☐ als Vorsitzende(r) – Berichterstatter(in) – Einzelrichter(in)

am ______________ 20 ______ beschlossen:

☐ ______________ (Beiladungs-Kammerbaustein)

____

____

____

____

wird/werden gemäß § 65 VwGO beigeladen,

da seine/ihre rechtlichen Interessen durch
die Entscheidung berührt werden.

Die Beiladung ist unanfechtbar (§ 65 Abs. 4 Satz 3 VwGO).

______________ ______________ ______________

Verwaltungsgericht

Verfügung

1. Beiladungsbeschluss zustellen an:

a) ☐ Kläger/Antragsteller/Bevollm. **formlos/zustellen** (…-fach)
☐ Beklagter/Antragsgegner/Bevollm. **formlos/zustellen** (…-fach)
☐ (schon) Beigeladene **formlos/zustellen** (…-fach)
☐ VöI **formlos** (…-fach)
☐ 092 Beiladungsbeschluss zur Kenntnisnahme
☐ freie Bausteinwahl (mit »Zusatz für _____-seite«)
☐ freier Text, siehe unten

b) Beigeladene persönlich ☐ 110 **zustellen**
Beigeladenen-Bevollm. ☐ 111 **zustellen**
Beigeladenen-Vertreter ☐ 114 **zustellen**
☒ freier Text **zustellen**

☐ 110 Eilverfahren mit Frist *bis/binnen* ____________
☐ 101 Klageverfahren
☐ 102 Klageverfahren mit Frist *bis/binnen* ____________ (…-fach)
mit Abschrift ☒ der Klage/des Antrags **mit/ohne** Anlage
☐ Blatt ____________ GA
☐ freier Text, siehe unten

2. Durchschrift von 1 b an übrige Beteiligte z. K.

3. Stammdatenänderung – Beigeladene(n) erfassen; siehe Beschluss, Bevollm. Siehe Bl. ___ GA

erledigt am ____________ von ____________

4. Wiedervorlage ____________ 20 __

, ____________ 20 __

Der/Die Vorsitzende/Einzelrichter(in)/Berichterstatter(in)

Raum für freien Text:

____

____

____

____

Muster: Aufhebung von Trennung, Verbindung oder Aussetzung

Verwaltungsgericht Kirchheim

3 K 231/11 Ki

Beschluss

In dem Verwaltungsstreitverfahren

der Stadt Bad Bernheim, Markt 1, 12235 Bad Bernheim, vertreten durch den Oberbürgermeister – Rechtsamt,

– Klägerin –

gegen

Herrn Johannes Unglaub, Blumenstraße 5, 12237 Bindelheim,

– Beklagter –

wegen Beamtenrechts (Schadensersatz)

hat die 3. Kammer des Verwaltungsgerichts Kirchheim durch

die Vorsitzende Richterin am Verwaltungsgericht Bohrer,
den Richter am Verwaltungsgericht Heinemann und
den Richter Dr. Schmidt

am 5. August 2011 beschlossen

Die mit Beschluss vom 8. Juni 2006 angeordnete Aussetzung des Verfahrens 3 K 721/06 Ki wird für beendet erklärt.

Das Verfahren wird unter dem Aktenzeichen 3 K 231/11 Ki fortgeführt.

Gründe

Die Voraussetzungen für die Anordnung der Aussetzung des Verfahrens 3 K 721/06 Ki gemäß § 94 VwGO sind weggefallen. Die als vorgreiflich in Bezug genommenen Verwaltungsstreitverfahren 3 K 405/04 Ki und 3 E 404/04 Ki sind durch das Urteil des ... Oberverwaltungsgerichts vom 11. Juli 2009 (4 KO 1121/05) bzw. den Beschluss des ... Oberverwaltungsgerichts vom 27. Februar 2007 (4 EO 12/06) beendet worden.

Angesichts der statistischen Erledigung des Verfahrens 3 K 721/06 Ki gemäß § 8 Abs. 3 Buchst. a der Aktenordnung für die Verwaltungsgerichtsbarkeit erfolgt die Fortführung des Verfahrens unter dem neuen Aktenzeichen.

Rechtsmittelbelehrung

Gegen diesen Beschluss kann innerhalb von zwei Wochen nach Zustellung Beschwerde eingelegt werden. Die Beschwerde ist schriftlich oder zur Niederschrift des Urkundsbeamten der Geschäftsstelle bei dem

Verwaltungsgericht Kirchheim
Maria-Hilf-Platz 2
12234 Kirchheim

einzulegen. Die Beschwerdefrist ist auch gewahrt, wenn die Beschwerde innerhalb der Frist bei dem ... Oberverwaltungsgericht (Anschrift) eingeht.

Vor dem Oberverwaltungsgericht besteht Vertretungszwang durch einen Rechtsanwalt oder einen Rechtslehrer an einer deutschen Hochschule mit Befähigung zum Richteramt oder einen Vertretungsberechtigten nach Maßgabe des § 67 VwGO; dies gilt auch für die Einlegung der Beschwerde und die Begründung.

Bohrer Heinemann Dr. Schmidt

Kirchheim, 5. August 2011

Ausgefertigt

....

Urkundsbeamter der Geschäftsstelle

☞ Auch Behörden können beigeladen werden. Beigeladene treten in das jeweilige Stadium ein, das der Prozess erreicht hat. Zur Wahrung ihrer Rechte sollen »der Stand der Sache und der Grund der Beiladung angegeben werden« (§ 65 Abs. 4 Satz 2 VwGO). Das Gericht übersendet den Beigeladenen gewöhnlich die Klageschrift einschließlich des weiteren angefallenen Schriftverkehrs. Es kann hiervon absehen, wenn davon auszugehen ist, dass die Beigeladenen über die wesentlichen Informationen selbst verfügen.

Beigeladene haben das Recht, **Prozesshandlungen** vorzunehmen (*vgl. dazu oben 4*). Stellen sie **Anträge**, sollten sie sich darüber im Klaren sein, dass sie sich einem **Kostenrisiko** aussetzen (*vgl. dazu unten 7.6.1*).

Für Stellungnahmen, die Beigeladene in Form von **Schriftsätzen** abgeben, gelten die Ausführungen *zu oben 5.3* entsprechend.

5.4.4 Die Aussetzung des Verfahrens

Im Verwaltungsprozess kann der Fall eintreten, dass die Entscheidung des Verwaltungsgerichts von einer Vorfrage abhängt, über die in einem anderen gerichtlichen oder behördlichen Verfahren verbindlich entschieden wird (§ 94 Satz 1 VwGO). Um die Gefahr widersprüchlicher Gerichtsentscheidungen zu bannen, kommt ein Stillstand des Verfahrens in Form einer Aussetzung der Verhandlung in Betracht.

Beispiel:

»Die Verhandlung wird bis zur Entscheidung im Revisionsverfahren vor dem Bundesarbeitsgericht in dem Rechtsstreit des Klägers gegen das Land Baden-Württemberg (Az. ...) ausgesetzt.«

Ein ausgesetztes Verfahren wird nach Wegfall der Aussetzungsgründe fortgeführt (§ 173 VwGO i. V. m. § 150 ZPO). Entsprechendes gilt für die Aufhebung einer Verfahrenstrennung oder -verbindung.

Wenn die Voraussetzungen des § 94 VwGO nicht vorliegen, ist dem Gericht eine förmliche Aussetzung des Verfahrens verwehrt. Dennoch können Situationen auftreten, in denen die Beteiligten aus unterschiedlichen Gründen an einer gerichtlichen Entscheidung im gegenwärtigen Zeitpunkt (noch) nicht interessiert sind. Die Verwaltungsgerichte bearbeiten die ihnen vorliegenden Fälle grundsätzlich in der Reihenfolge der Eingänge (*vgl. oben 5.4*). Wegen der im Regelfall mehrmonatigen oder gar mehrjährigen Verfahrensdauer kann es sich in solchen Fällen empfehlen, mit dem zuständigen Berichterstatter Verbindung aufzunehmen und ihn zu bitten, dem Verfahren »einstweilen keinen (oder nur schleppenden) Fortgang zu geben«. Im Rahmen der Prozessleitung hat der Berichterstatter z. B. regelmäßig die Möglichkeit, großzügige Fristen zu setzen, langfristige Wiedervorlagen zu verfügen usw. Allerdings darf im Interesse der Rechtssicherheit und der übrigen Beteiligten **keine Prozessverschleppung** eintreten.

5.4.5 Das Ruhen des Verfahrens

Neben der Aussetzung (*vgl. oben 5.4.4*) ist das Ruhen des Verfahrens ein weiterer Fall des Verfahrensstillstands. Das Gericht muss durch Beschluss das Ruhen des Verfahrens anordnen (§ 173 VwGO i. V. m. § 251 ZPO[60]), wenn

- die Beteiligten dies beantragen und
- anzunehmen ist, dass wegen des Schwebens von Vergleichsverhandlungen

60 Wegen der Sonderregelung in § 102 Abs. 2 VwGO ist § 251a ZPO (Entscheidung nach Aktenlage bei beiderseitiger Säumnis) nicht anwendbar. Es gibt im Verwaltungsprozess auch kein Versäumnisurteil.

oder aus sonstigen Gründen diese Anordnung zweckmäßig ist. Ein solcher Grund kann z. B. darin bestehen, dass beim BVerwG ein Verfahren anhängig ist, das eine Rechtsfrage betrifft, über die im anhängigen erstinstanzlichen Verfahren zu entscheiden ist.

Das Ruhen endet entweder durch Gerichtsbeschluss oder wenn einer der Beteiligten in einem Schriftsatz gegenüber dem Gericht erklärt, das Verfahren wieder aufzunehmen.

Die Aktenordnungen für die Verwaltungsgerichtsbarkeit können bestimmen, dass das Verfahren als erledigt gilt, wenn es ruht und innerhalb von sechs Monaten die Fortsetzung des Verfahrens nicht beantragt oder das Verfahren nicht aufgenommen worden ist. Das Verfahren wird dann als **erledigt** aus dem Aktenregister ausgetragen. Im Falle einer späteren Wiederaufnahme oder Fortsetzung wird es neu eingetragen.

5.4.6 Die Ladungen

§ 102 VwGO regelt Einzelheiten der Ladung zur mündlichen Verhandlung. Die **Ladungsfrist** beträgt grundsätzlich (mindestens) zwei Wochen. In dringenden Fällen kann der Vorsitzende die Frist abkürzen.

Muster: Ladung zur mündlichen Verhandlung

Verwaltungsgericht Kirchheim

* Verwaltungsgericht Kirchheim * Postfach 84 42 * 12234 Kirchheim *

Rechtsanwälte
Redlich und Prell
Blumenstraße 7
12234 Kirchheim

Unser Zeichen (Bitte stets angeben)	Ihr Zeichen, Ihre Nachricht vom	Durchwahl	Kirchheim
2 K 1459/09.Ki	33/09	123	8.7.2011

Verwaltungsstreitsache
Holger Gehrmann
gegen
Stadt Kirchheim

Sehr geehrte Herren Rechtsanwälte,

Termin zur mündlichen Verhandlung ist bestimmt worden auf:

Mittwoch, den 5. Oktober 2011, um **11.00** Uhr.

Zu diesem Termin werden die Beteiligten vor das Verwaltungsgericht Kirchheim, Maria-Hilf-Platz 2 in Kirchheim, Großer Sitzungssaal, geladen.

Es wird darauf hingewiesen, dass beim Ausbleiben eines Beteiligten auch ohne ihn verhandelt und entschieden werden kann (§ 102 Abs. 2 VwGO).

Zusatz für Klägerseite:
Es wird darauf hingewiesen, dass der Kläger von hier aus nicht persönlich geladen wird; das Gericht geht davon aus, dass die Terminsbenachrichtigung durch Sie erfolgt und der Kläger auf die Bedeutung des Termins hingewiesen wird.

Zusatz für die Beklagtenseite:
Es wird Ihnen aufgegeben, zur mündlichen Verhandlung einen mit schriftlichem Nachweis über seine Vertretungsbefugnis versehenen Bediensteten zu entsenden, der über die Sach- und Rechtslage ausreichend unterrichtet ist (§ 95 Abs. 3 VwGO).

Mit freundlichen Grüßen

gez. Hammer
Vorsitzender Richter am VG

Geladen wird normalerweise mit **Empfangsbekenntnis** (*vgl. dazu oben 5.2*).[61]

Behörden sollten Anträge auf **Terminverlegung** nur in seltenen Ausnahmefällen stellen. Regelmäßig erwarten die Gerichte, dass ein verhinderter Behördenbediensteter von einem anderen kompetenten Bediensteten vertreten wird, der zu einem sachdienlichen Verhandlungsablauf beitragen kann. Auf die persönliche Anwesenheit eines ganz bestimmten Mitarbeiters wird es jedoch kaum streitentscheidend ankommen.[62]

5.4.7 Die Anordnung des persönlichen Erscheinens

Diese Anordnung, die im Rahmen der Vorbereitung der mündlichen Verhandlung ergeht (*vgl. dazu oben 5.4.1*) bedeutet:

- Im Falle des Ausbleibens kann das Gericht **Ordnungsgeld** wie gegen einen nicht erschienenen Zeugen festsetzen (§ 95 Abs. 1 VwGO; *vgl. dazu oben 3.7*).
- Ist Beteiligter eine **juristische Person** oder eine Vereinigung (*vgl. oben 4.1*), so ist das Ordnungsgeld dem nach Gesetz oder Satzung Vertretungsberechtigten anzudrohen und gegen ihn festzusetzen (§ 95 Abs. 2 VwGO).
- Das Gericht kann einer beteiligten öffentlich-rechtlichen Körperschaft oder **Behörde** aufgeben, zur mündlichen Verhandlung einen Beamten oder Angestellten zu entsenden, der mit einem schriftlichen Nachweis über die Vertretungsbefugnis versehen und über die Sach- und Rechtslage ausreichend unterrichtet ist (§ 95 Abs. 3 VwGO; *vgl. auch oben 3.6 und 4.3*).

61 Die Angabe eines Postfachs ist keine ladungsfähige Anschrift, vgl. BVerwG, NJW 1999, 2608.

62 Die Ablehnung einer beantragten Terminverlegung vor der mündlichen Verhandlung kann den Anspruch des Beteiligten auf rechtliches Gehör (vgl. oben 1.1) verletzen; das ist nicht der Fall, wenn für die Terminverlegung kein erheblicher Grund im Sinne des § 227 Abs. 1 ZPO dargelegt wird, BVerwG, NJW 1991, 2097.

Muster: Ladung zum Erörterungstermin

Verwaltungsgericht Kirchheim

* Verwaltungsgericht Kirchheim * Postfach 84 42 * 12234 Kirchheim *

Frau
Sandy Super
Maiglöckchenstraße 4b
12235 Fischbach

Unser Zeichen (Bitte stets angeben)	Ihr Zeichen, Ihre Nachricht vom	Durchwahl	Kirchheim
5 E 201/09.Ki		123	2.9.2011

Verwaltungsstreitsache
Billig
gegen
Bundesrepublik Deutschland

Sehr geehrte Frau Super,

Termin zur Erörterung der Sache ist bestimmt worden auf:

Donnerstag, den 20. Oktober 2011, um **9.30** Uhr.

Zu diesem Termin werden die Beteiligten vor das Verwaltungsgericht Kirchheim, Maria-Hilf-Platz 2 in Kirchheim, Sitzungssaal 104, geladen.

Das persönliche Erscheinen des Klägers ist angeordnet.

Zusatz für Beklagtenseite:
Es wird Ihnen aufgegeben, zur mündlichen Verhandlung einen mit schriftlichem Nachweis über seine Vertretungsbefugnis versehenen Bediensteten zu entsenden, der über die Sach- und Rechtslage ausreichend unterrichtet ist (§ 95 Abs. 3 VwGO).

Mit freundlichen Grüßen — Beglaubigt:

gez. Dreher
Richter am VG — Justizangestellte

5.4.8 Der Erörterungstermin

Der Vorsitzende oder der Berichterstatter kann zur Vorbreitung der mündlichen Verhandlung die Beteiligten zur Erörterung des Sach- und Streitstandes und zur gütlichen Beilegung des Rechtsstreits laden und einen Vergleich entgegennehmen (§ 87 Abs. 1 Nr. 1 VwGO). Die Verwaltungsgerichte machen von dieser Möglichkeit zahlreich Gebrauch, etwa auch um dem Kläger bei Aussichtslosigkeit seiner Klage die Gelegenheit zur (kostengünstigen) Klagerücknahme zu geben.

Erörterungstermine weisen eine Reihe von Vorteilen auf: Offene Fragen können geklärt werden. Kann der Rechtsstreit durch Klagerücknahme, Erledigungserklärung oder im Vergleichswege erledigt werden, bedarf es keiner mündlichen Verhandlung vor der gesamten, mit fünf Richtern besetzten Kammer mehr. Auch fallen gesonderte Gerichtskosten nicht an, sodass sich Erwägungen über eine Streitbeendigung ohne gerichtliche Sachentscheidung lohnen können.

Erörterungstermine sind **nicht öffentlich**. Anderen Personen als den Beteiligten kann die Anwesenheit einvernehmlich gestattet werden (z. B. Rechtsreferendaren zu Ausbildungszwecken).

5.5 Die Beweisaufnahme

§§ 96 ff. VwGO befassen sich mit der Beweisaufnahme im verwaltungsgerichtlichen Verfahren. Die Vorschriften stehen in engem Zusammenhang mit dem Grundsatz der Amtsermittlung (*vgl. dazu oben 5.3*).

Beweise werden grundsätzlich in mündlicher Verhandlung vor der gesamten Kammer (oder dem Einzelrichter, *vgl. dazu oben 5.2*) erhoben (§ 96 Abs. 1 VwGO), ausnahmsweise vor der mündlichen Verhandlung durch einen beauftragten Richter (§ 96 Abs. 2 VwGO).

§ 96 Abs. 1 Satz 2 VwGO zählt die **Beweismittel** auf:
- Einnahme des **Augenscheins** (z. B. Baubesichtigung),
- Vernehmung von **Zeugen** (*vgl. dazu oben 3.7*); in Ausnahmefällen ist auch eine **schriftliche Befragung** möglich,
- Vernehmung von **Sachverständigen** (*vgl. dazu oben 3.8*),
- Vernehmung von **Beteiligten** (*vgl. dazu oben 3*); eine bloße informatorische Befragung ist keine Beweiserhebung,
- Heranziehung von **Urkunden**.

Wegen der Pflicht zur Amtsermittlung wählt das Gericht die erforderlichen Beweismittel grundsätzlich selbst aus. Die Beteiligten können aber auch von sich aus **Beweisanregungen** geben oder **Beweisanträge** stellen, wenn sie den Eindruck haben, das Gericht sei seiner Amtsermittlungspflicht nicht hinreichend nachgekommen.

Wird ein förmlicher **Beweisantrag in der mündlichen Verhandlung** gestellt, so unterbricht der Vorsitzende die Verhandlung, um über den Antrag zu beraten. Ein solcher Beweisantrag kann nur durch einen Gerichtsbeschluss, der zu begründen ist, abgelehnt werden (§ 86 Abs. 2 VwGO). In entsprechender Anwendung der §§ 286 ff. ZPO und des § 244 Abs. 3 und 4 StPO kann ein Beweisantrag nur aus folgenden Gründen abgelehnt werden:
- unzulässige Beweiserhebung (z. B. eines Zeugen, der sich auf ein ihm zustehendes Zeugnisverweigerungsrecht beruft),
- Entscheidungsunerheblichkeit der zu beweisenden Tatsache,
- Wahrunterstellung oder Erwiesenheit der zu beweisenden Tatsache,

- ungeeignetes, unerreichbares[63] oder unzumutbares Beweismittel,
- Offenkundigkeit oder Gerichtskundigkeit der zu beweisenden Tatsache,
- eigene Sachkunde des Gerichts,
- keine Zweifel des Gerichts an Sachverständigengutachten.

☞ Beweisanträge können hilfsweise gestellt werden **(Hilfsbeweisantrag)**.

☞ Beweis**ermittlungs**anträge sind unzulässig. Sie sind dadurch gekennzeichnet, dass sie so unbestimmt sind, dass erst die Beweiserhebung die entscheidungserhebliche Tatsache aufdecken kann. Unzulässig ist ein solcher Antrag auch, wenn er eine bestimmte Beweistatsache nicht bezeichnet.

Erhebt das Gericht von Amts wegen oder auf einen Beweisantrag hin Beweis, so erlässt es einen **Beweisbeschluss**. Der Inhalt muss den Anforderungen des § 173 VwGO i. V. m. § 358a bzw. 359 Nr. 1 und 2 ZPO entsprechen.

Beispiel:

»Es soll Beweis erhoben werden über die Frage, ob der Kläger am 19.4.2010 beim Sozialamt des Beklagten vorgesprochen hat[64] *durch Vernehmung der Stadtoberinspektorin Gnädig als Zeugin*[65]*.«*

☞ Das Urteil darf nur auf Tatsachen und Beweisergebnisse gestützt werden, zu denen die Beteiligten sich äußern konnten (§ 108 Abs. 2 VwGO). Den übrigen Beteiligten wird das Gericht deshalb Gelegenheit geben, zu Beweisanträgen **Stellung zu nehmen**.

Grundkenntnisse des Beweisrechts sind daher vor allem auch für den behördlichen Terminvertreter unerlässlich!

Das Gericht ist in seiner **Beweiswürdigung** frei (§ 108 Abs. 1 Satz 1 VwGO, § 173 VwGO i. V. m §§ 286 ff. ZPO). Es muss die erhobenen Beweise überprüfen und gewichten. Mit ihrer Hilfe müssen sich bestimmte Tatsachen bestätigen oder widerlegen lassen. Der Frage der sog. **Beweislast** ist der VwGO zwar insoweit fremd, als es eine formelle Beweisführungslast – anders als in der ZPO – nicht gibt. Allerdings hat sich das Verwaltungsgericht im Rahmen der Beweiswürdigung mit der Frage auseinander zu setzen, zum Nachteil welches Beteiligten die Unerweislichkeit bestimmter Tatsachen materiellrechtlich geht.

5.6 Die mündliche Verhandlung

Das Verwaltungsgericht entscheidet grundsätzlich aufgrund mündlicher Verhandlung (§ 101 Abs. 1 VwGO). Einer mündlichen Verhandlung bedarf es ausnahmsweise nicht

- im **Beschluss**verfahren (§ 101 Abs. 3 VwGO),
- bei Entscheidung durch **Gerichtsbescheid** (§ 84 Abs. 1 Satz 1 VwGO; *vgl. dazu unten 7.3*),
- mit **Einverständnis der Beteiligten** (§ 101 Abs. 2 VwGO).

---

63 Bei der Benennung von Zeugen sollte die ladungsfähige Anschrift mitgeteilt werden. Als solche reicht die Angabe eines Postfachs nicht aus, vgl. BVerwG, NJW 1999, 2608.

64 Beweisthema.

65 Beweismittel.

Muster: Gerichtliche Anfrage

Verwaltungsgericht Kirchheim

* Verwaltungsgericht Kirchheim * Postfach 84 42 * 12234 Kirchheim *

Rechtsanwälte
Redlich und Prell
Blumenstraße 7
12234 Kirchheim

Unser Zeichen (Bitte stets angeben)	Ihr Zeichen, Ihre Nachricht vom	Durchwahl	Kirchheim
2 K 1459/09.Ki	33/09	123	3.8.2011

Verwaltungsstreitsache
Holger Gehrmann
gegen
Stadt Kirchheim

Sehr geehrte Herren Rechtsanwälte,

bitte teilen Sie mit, ob Sie mit einer Entscheidung im schriftlichen Verfahren (§ 101 Abs. 2 VwGO) einverstanden sind. Einer Rückantwort wird binnen zwei Wochen entgegengesehen.

Mit freundlichen Grüßen — Beglaubigt:

gez. Zange
Richterin am VG — Justizangestellte

Die Leitung der mündlichen Verhandlung einschließlich der Sitzungspolizei (*vgl. dazu oben 2.8*) obliegt grundsätzlich dem **Vorsitzenden** (§ 103 Abs. 1 VwGO; vgl. auch § 173 VwGO i. V. m. § 136 ZPO); ausnahmsweise kann Vorsitzender auch ein Einzelrichter oder Berichterstatter sein (*vgl. dazu auch oben 5.4*).

Bei Bedarf kann der Vorsitzende um **Unterbrechung** (Prozesspause) gebeten werden.

Seine prozessleitenden Verfügungen sind mit der Beschwerde nicht anfechtbar (§ 146 Abs. 2 VwGO). Alle **Entscheidungen** des Vorsitzenden im Rahmen der Prozessleitung oder im Zusammenhang mit der Beanstandung von Fragen als unzulässig können jedoch mit dem Rechtsbehelf der **Erinnerung** angegriffen und (vom gesamten Gericht) überprüft werden (§ 104 Abs. 2 Satz 2 VwGO; 173 VwGO i. V. m. § 140 ZPO; *vgl. unten 8.7*).

Verwaltungsgerichte können Sitzungen auch **außerhalb ihres Gerichtssitzes** abhalten (§ 102 Abs. 3 VwGO, § 166 GVG).

Die Berufsrichter, der Protokollführer sowie die bevollmächtigten Rechtsanwälte Beteiligter (ggf. auch der VöI) sind verpflichtet, vor Gericht **Amtstracht** (Robe) zu tragen.[66]

66 Vgl. BVerfGE 28, 21; 34, 138.

Die Beteiligten **sprechen** während der mündlichen Verhandlung grundsätzlich **zum Gericht.** (Störende) Unterhaltungen mit anderen Beteiligten sind unstatthaft. **Handys** sollten in jedem Fall ausgeschaltet sein. **Anreden** mit Namen sind wegen der durch sie erzeugten Vertraulichkeit unüblich. Der bzw. die Vorsitzende werden in der mündlichen Verhandlung üblicherweise mit »*Herr Vorsitzender*« bzw. »*Frau Vorsitzende*« angesprochen, der/die berichterstattende Richter(in) mit »*Herr Berichterstatter*« bzw. »*Frau Berichterstatterin*« oder »*Herr Richter*« bzw. »*Frau Richterin*«. Beteiligte Rechtsanwälte haben Anspruch auf die Anrede mit »*Herr Rechtsanwalt*« bzw. »*Frau Rechtsanwältin*«. Andere natürliche Personen werden bei ihrer prozessualen Stellung genannt (z. B. »*Frau Klägerin*«) oder mit ihrem bürgerlichen Namen angesprochen (z. B. »Herr Dr. Meißner«).

5.6.1 Der Aufruf der Sache

Der Vorsitzende ruft die Sache auf und eröffnet die mündliche Verhandlung (§ 103 Abs. 2 VwGO). Üblicherweise bekunden die anwesenden Personen ihren Respekt, indem sie sich von ihren Plätzen erheben, wenn das Gericht den Sitzungsraum betritt.

5.6.2 Die Feststellung der Anwesenheit

Zu Beginn der Verhandlung wird die Anwesenheit festgestellt. Falls noch nicht alle geladenen Beteiligten erschienen sind, wird gewöhnlich eine kurze Zeitspanne (üblich sind ca. 15 Minuten) auf deren Erscheinen gewartet.

Solche Verzögerungen kommen in der Praxis aus unterschiedlichen Gründen (zumeist Verkehrsprobleme) häufig vor. Es ist dringend anzuraten, sich mit dem Gericht (fernmündlich) in Verbindung zu setzen, wenn absehbar wird, dass sich das rechtzeitige Erscheinen zum Termin verzögern wird. Diese Empfehlung gilt für sämtliche Beteiligte, wegen der zu erwartenden gravierenden Folgen insbesondere aber für Zeugen, Sachverständige und Personen, deren persönliches Erscheinen angeordnet ist (*vgl. dazu oben 3.7 und 5.4.7*).

Bleiben geladene Beteiligte (unentschuldigt) aus, kann auch ohne sie verhandelt und entschieden werden (§ 102 Abs. 2 VwGO). Im Protokoll wird dann die ordnungsgemäße Ladung festgehalten. Ein **Versäumnisurteil** ist dem Verwaltungsgerichtsverfahren wesensfremd, ebenso die Anordnung des Ruhens des Verfahrens wegen Säumnis Beteiligter (*vgl. dazu oben 5.4.5*). Aufgrund des Amtsermittlungsgrundsatzes (*vgl. oben 5.3*) gibt es keine »Geständnisfiktion« wie im Zivilprozess.

5.6.3 Der Sachbericht

Die VwGO sieht vor, dass im Anschluss an den Aufruf der Sache der Vorsitzende oder der Berichterstatter »den wesentlichen Inhalt der Akten« vorträgt (§ 103 Abs. 2 VwGO). Es handelt sich bei diesem Vortrag um eine gedrängte Darstellung des Sach- und Streitstandes wie er sich zu Beginn der mündlichen Verhandlung dem Gericht darstellt und wie er sich zumeist wörtlich im späteren Tatbestand des Urteils wiederfindet. Im Einverständnis mit allen Beteiligten, denen der Akteninhalt im Regelfall bekannt sein dürfte, kann auf die Verlesung des Sachberichts (auch aus Zeitgründen) verzichtet werden.

5.6.4 Die Antragstellung

Nach Erstattung des Sachberichts (oder Verzicht hierauf) erhalten die Beteiligten (§ 63 VwGO; *vgl. oben 3*) das Wort, um ihre Anträge zu stellen und zu begründen (§ 103 Abs. 3 VwGO). Entgegen dieser Vorschrift gibt der Vorsitzende manchmal aber auch erst im Anschluss an das Rechtsgespräch (*vgl. unten 5.6.5*) Gelegenheit zur Antragstellung (zu Beweisanträgen *vgl. oben 5.5*).

5.6.5 Das Rechtsgespräch

Der Vorsitzende hat die Streitsache mit den Beteiligten (§ 63 VwGO, *s. oben 3.*) in **tatsächlicher und rechtlicher Hinsicht** zu erörtern (§ 104 Abs. 1 VwGO). Für dieses Rechtsgespräch bestehen keine allgemein gültigen Regeln. Sein Inhalt und sein Verlauf hängen vom jeweiligen Fall ab. Gewöhnlich verdeutlicht und präzisiert der Vorsitzende die tatsächlich und rechtlich problematischen Punkte, z. B. in Form sog. »Arbeitshypothesen«, nach Fallalternativen oder Problemkreisen. Möglicherweise gibt der Vorsitzende auch bereits Ansichten kund, die sich die Berufsrichter aufgrund der Vorberatung gebildet haben. Um sich nicht dem Anschein der Voreingenommenheit oder Parteilichkeit auszusetzen, wird er dabei jedoch gewöhnlich darauf hinweisen, dass solche Ansichten nur vorläufigen Charakter tragen und unter dem Vorbehalt der abschließenden Beratung – auch mit den ehrenamtlichen Richtern – stehen.

Wenn es der Sachaufklärung dient, sollten Beteiligte zum Termin (maßstabsgetreue!) Lagepläne, Skizzen, Karten, Fotos u. a. geeignete **Unterlagen mitbringen**, etwa um die Gegebenheiten einer bestimmten Örtlichkeit anschaulich zu machen.

Nimmt der mit der Prozessführung beauftragte Behördenvertreter den Verhandlungstermin allein wahr, sollte sichergestellt sein, dass fachkundige **Ansprechpartner in der Behörde telefonisch erreichbar** sind. So können u. U. noch fehlende Informationen schnellstmöglich beigebracht und Fachfragen kompetent beantwortet werden, ohne dass das Verfahren vertagt werden muss.

Denkbar ist, dass Behördenvertreter während der mündlichen Verhandlung Gelegenheit erhalten, **Ermessenserwägungen** zu **ergänzen** (§ 114 Satz 2 VwGO). Sie sollten hierauf vorbereitet sein und bei Bedarf um Unterbrechung der Verhandlung bitten.

Zum Rechtsgespräch gehört auch das **Fragerecht** aller Mitglieder des Gerichts (§ 104 Abs. 2 VwGO). Der Vorsitzende hat dafür zu sorgen, dass tatsächlich nur (zulässige) Fragen gestellt werden. Bloße Statements gehören nicht hierher. Bei der Befragung von Zeugen ist darauf zu achten, dass keine Suggestivfragen gestellt werden. Beanstandet der Vorsitzende Fragen als unzulässig, so ist gegen eine solche Entscheidung die **Erinnerung** statthaft (*vgl. unten 8.7*).

Zum Ende des Rechtsgesprächs ist es üblich, dass der Vorsitzende die Beteiligten fragt, ob sie noch das Wort wünschen. Dies ist der Ausdruck der Gewährung rechtlichen Gehörs.

5.6.6 Die Protokollierung

☞ **Mündliche Verhandlungen, Erörterungstermine** (*vgl. oben 5.4.8*) und **Beweisaufnahmen** (*vgl. oben 5.5*) werden protokolliert (§ 105 VwGO i. V. m. § 159 ZPO). Allein das Protokoll kann beweisen, dass die vorgeschriebenen Förmlichkeiten eingehalten sind (§ 165 Satz 1 ZPO). Ersatzweise ist die Aufzeichnung auf Ton- oder Datenträger – ohne Hinzuziehung eines Protokollführers – zulässig (§ 160a ZPO).

Der vorgeschriebene **Inhalt** des Protokolls ergibt sich aus § 160 ZPO.

☞ Daneben können die Beteiligten darum bitten, beispielsweise bestimmte Rechtsansichten des Gerichts in das Protokoll aufnehmen zu lassen.[67] Oftmals haben Behördenvertreter dann etwas »in der Hand«, um sich gegenüber Personen und Dienststellen, die an der Verhandlung nicht teilgenommen haben, für ihr prozessuales Vorgehen rechtfertigen zu können.

Beispiel:

»Der Beklagte nimmt den angefochtenen Untersagungsbescheid auf dringendes Anraten des Gerichts zurück. Das Gericht weist darauf hin, dass der Bescheid erheblichen formellen und materiellrechtlichen Bedenken begegnet. Insbesondere scheint fraglich ...«[68]

Das Protokoll ist nach Maßgabe von § 162 ZPO den Beteiligte **vorzulesen** (Aufzeichnungen sind abzuspielen) und von ihnen zu genehmigen.[69]

Der Vorsitzende und der Protokollführer (Urkundsbeamter der Geschäftsstelle, *vgl. oben 3.9*) **unterschreiben** das Protokoll (§ 163 ZPO). Die Beteiligten erhalten anschließend Ausfertigungen zugesandt, Behörden üblicherweise gegen Empfangsbekenntnis.

---

67 *Vgl. das unter 7.5 angegebene Beispiel* beim Abschluss eines gerichtlichen Vergleichs.

68 Da der Beklagte die Ursache dafür gesetzt hat, dass der Kläger die Erledigung der Hauptsache erklären kann, wird ihm das Gericht die Kosten auferlegen (*vgl. unten 7.4.4 und 7.6.1*). Gegenüber der für Haushaltsangelegenheiten zuständigen Stelle bzw. gegenüber der Rechnungsprüfung kann der Prozessvertreter somit die sachlichen Gründe nachvollziehbar darlegen, aus denen er die (im Übrigen gegenüber einer Verurteilung niedrigeren) Kosten verursacht hat.

69 Zur Protokollberichtigung vgl. BayVGH, BayVBl. 2001, 568.

Muster: Sitzungsprotokoll

2 K 1459/09.Ki

VERWALTUNGSGERICHT KIRCHHEIM

Niederschrift

über die Sitzung der 2. Kammer am 5. Oktober 2011.

Gegenwärtig:

Vorsitzender Richter am Verwaltungsgericht Hammer als Vorsitzender,

Richterin am Verwaltungsgericht Zange,
Richter Dübel,
ehrenamtliche Richter Norbert Nagel und Katharina Keil,
Justizangestellte Putz als Urkundsbeamtin der Geschäftsstelle.

Bei Aufruf der Sache um 11.08 Uhr sind erschienen:

der Kläger persönlich im Beistand von Rechtsanwalt Günstig, der Untervollmacht der Rechtsanwälte Redlich und Prell überreicht, sowie im Beistand seiner Ehefrau,

für die Beklagte: Frau Stadtoberrechtsrätin Rost unter Bezugnahme auf die bei Gericht hinterlegte Generalvollmacht,

für den Beteiligten: Herr Ministerialrat Schleif.

Zum Gegenstand der Verhandlung werden gemacht: 1 Band Gerichtsakten sowie die von der Beklagten vorgelegten 2 Bände Verwaltungsakten.

Die Berichterstatterin trägt den Sachbericht vor.

Der Kläger beantragt,

> den Gebührenbescheid der Beklagten vom 7. März 2008 – Az. 2334-5667/2 – sowie den Widerspruchsbescheid des Regierungspräsidiums Bischofsheim vom 16. Mai 2009 – Az. 204-8894-3798-KIR – aufzuheben.

Die Beklagte beantragt,

> die Klage abzuweisen.

Der Beteiligte stellt keinen Antrag.

Der Vorsitzende erörtert mit den Beteiligten eingehend die Sach- und Rechtslage.

Nachdem das Wort nicht mehr gewünscht wird, wird die mündliche Verhandlung um 11.45 Uhr geschlossen.

Beschlossen und verkündet:

Eine Entscheidung wird zugestellt.

Hammer Putz

☞ Der behördliche Sitzungsvertreter sollte sich über den Verlauf und das Ergebnis der Verhandlung Notizen als Gedächtnisstütze anfertigen. Möglicherweise ist im Anschluss an den Termin auch Vorgesetzten zu berichten. In der Praxis hat sich ein Formblatt des beigefügten Musters eines **Sitzungsberichts** bewährt.

Muster: Sitzungsbericht

Az.. ____________________

Sitzungsniederschrift/Augenscheinstermin
Vermerk

An
☐ **der Sitzung** ☐ **dem Erörterungstermin** ☐ **dem Augenscheinstermin**

vom ____________________

Dauer von ____________________ bis ____________________
(einschließlich Reisezeit)

hat der Unterzeichner teilgenommen

Weitere Teilnehmer:
____
____

Ergebnis der Sitzung/des Erörterungstermins/des Augenscheinstermins

☐ Die Klage/der Antrag wurde zurückgewiesen/abgelehnt
☐ Die Klage/der Antrag wurde zurückgenommen
☐ Der Klage/dem Antrag wurde stattgegeben
☐ Es erging ein Beweisbeschluss
☐ Es wurde ein Vergleich geschlossen
☐ Das Verfahren wurde eingestellt
☐ Das Verfahren wurde vertagt
☐ Die Entscheidung wird zugestellt
☐ Hauptsacheerledigung
☐ Entscheidung am Ende der Sitzung
☐ ____________________

Dienstreise:

☐ Dienstfahrzeug
☐ Selbstfahrer
☐ Benutzung öffentlicher Verkehrsmittel
☐ Mitgenommen von
____
☐ Mitgenommene Personen
____
☐ gefahrene Kilometer __________
☐ Kosten f. öfftl. Verkehrsm.
____________________ EUR

Anmerkungen zu dem Termin:

Verfügung

1. Statistik
2. WV.: ____________________

____
(Datum/Unterschrift)

5.6.7 Die Schließung

Nach der Erörterung der Streitsache (ggf. auch nach einer Beweisaufnahme, *vgl. oben 5.5*) erklärt der Vorsitzende die mündliche Verhandlung für geschlossen (§ 104 Abs. 3 Satz 1 VwGO), wenn niemand mehr das Wort wünscht.

Eine geschlossene Verhandlung kann – bis zum Erlass des Urteils – **wiedereröffnet** werden (§ 104 Abs. 3 Satz 2 VwGO), z. B. weil das Gericht weitere Ermittlungen für erforderlich hält (vgl. auch § 173 VwGO i. V. m. § 156 ZPO).

6 Die Erfolgsaussichten

6.1 Das Prozessrisiko

Jedes Verwaltungsgerichtsverfahren birgt ein mehr oder minder hohes **Prozessrisiko.** »Vor Gericht und auf hoher See befindet man sich in Gottes Hand«, lautet ein viel und gerne zitiertes Sprichwort, das die Unwägbarkeit gerichtlicher Entscheidungen pathetisch umschreibt.

Kaum jemand begibt sich freiwillig in die Rolle des Unterlegenen. Wer in ein Verwaltungsgerichtsverfahren verwickelt ist, muss sich Gedanken über seine Chancen machen, das Verfahren zu gewinnen oder wenigstens ungeschoren, d. h. möglichst ohne allzu hohen Kostenaufwand davonzukommen. Diese Wahrheit dürfen – schon aus haushaltsrechtlichen Gründen – auch Behörden für sich in Anspruch nehmen.

☞ Spätestens zu Beginn des Verfahrens kommt kein Beteiligter umhin, die Erfolgsaussichten zu beurteilen. Nur eine solche Beurteilung versetzt ihn in die Lage, seine Chancen optimal zu nutzen und dem Verfahren eine für ihn günstige Richtung zu verleihen, um am Ende den gewünschten Verfahrensausgang zu erreichen.

Eine zum Verwaltungsgericht erhobene Klage hat **Erfolg**, wenn sie **zulässig und begründet** ist. Eine vergleichbare Feststellung gilt für Anträge auf Gewährung vorläufigen Rechtsschutzes (§§ 80 Abs. 5, 123 VwGO; *vgl. unten 6.4*).

☞ Für den Kläger bietet die **Klageschrift** (bzw. eine später erfolgte **Klagebegründung**), für den Beklagten die **Klageerwiderung** (*vgl. oben 5.3.4*) Gelegenheit, alle verfügbaren **Angriffs- und Verteidigungsmittel** einzusetzen. Alle Tatsachen und Argumente, die der Durchsetzung bzw. Abwehr des Klagebegehrens dienen, sollten vorgebracht werden. Ein solches Vorbringen ist aber nur nach intensiver Auseinandersetzung mit dem Vortrag der Gegenseite möglich.

6.2 Die Zulässigkeit

Um Erfolgschancen zu haben, muss eine Klage zunächst zulässig sein. Die Zulässigkeit ist eine Frage des **Verwaltungsprozessrechts.** Fehlt es auch nur an einer einzigen Zulässigkeitsvoraussetzung, so ist die Klage unzulässig. Das Verwaltungsgericht muss die Klage abweisen, ohne überhaupt eine Möglichkeit zu haben, sich mit materiellrechtlichen Fragen zu befassen. Es kann seine abweisende Entscheidung allenfalls zum Anlass für bestimmte Hinweise zur materiellen Rechtslage nehmen (sog. obiter dictum).

☞ Eine (gedankliche) Prüfung der Erfolgsaussichten hat sich auf sämtliche Zulässigkeitsvoraussetzungen zu erstrecken. Sie alle müssen bejaht werden können. Führt eine solche Vorprüfung zu dem Ergebnis, dass die Klage ohne weiteres zulässig ist, so erübrigen sich in Schriftsätzen (wie z. B. in der Klageerwiderung, *vgl. oben 5.3.4*) regelmäßig Ausführungen zur Zulässigkeit. Fällt die Vorprüfung dahin gehend aus, dass Zulässigkeitsvoraussetzungen fragwürdig oder definitiv zu verneinen sind, so ist es empfehlenswert, hier einzuhaken. Die Ausführungen sollten sich auf die tragenden Erwägungen beschränken.

Im Einzelnen müssen gegeben sein:

6.2.1 Der Verwaltungsrechtsweg

Vgl. dazu oben 2.2.

6.2.2 Die Zuständigkeit des Gerichts

Vgl. dazu oben 2.3.

6.2.3 Die Statthaftigkeit

Die Statthaftigkeit beantwortet die Frage nach der richtigen **Klageart**. Die VwGO enthält kein abschließendes System bestimmter Klagearten. Deshalb werden nachfolgend nur die Klagen behandelt, die in der Praxis am häufigsten erhoben werden:

- **Anfechtungsklage** (§§ 42 Abs. 1, 113 Abs. 1 VwGO); der Kläger begehrt die Aufhebung eines (ihn belastenden) Verwaltungsaktes. **Gegenstand** der Anfechtungsklage ist gewöhnlich der ursprüngliche Verwaltungsakt in der Gestalt, die er durch den Widerspruchsbescheid gefunden hat (§ 79 Abs. 1 Nr. 1 VwGO), ausnahmsweise auch der Abhilfebescheid oder der Widerspruchsbescheid allein, wenn dieser eine selbstständige, insbesondere eine zusätzliche Beschwer enthält (§ 79 Abs. 1 Nr. 2, Abs. 2 VwGO).
- **Fortsetzungsfeststellungsklage** (§ 113 Abs. 1 Satz 4 VwGO); der Kläger begehrt die Feststellung der Rechtswidrigkeit eines Verwaltungsakts, der sich nach Klageerhebung **erledigt** hat.[70] Eine solche Klage ist statthaft, wenn ein besonderes Feststellungsinteresse des Klägers besteht.[71] Darüber hinaus müssen sämtliche anderen Voraussetzungen der (Anfechtungs-)Klage vorgelegen haben.
- **Verpflichtungsklage** (§§ 42 Abs. 1, 113 Abs. 5 VwGO); der Kläger begehrt die Verurteilung der Behörde zum Erlass eines abgelehnten oder unterlassenen (ihn begünstigenden) Verwaltungsaktes. Genau genommen handelt es sich um die Kombination eines Anfechtungsbegehrens und eines Leistungsbegehrens; denn der Kläger muss zunächst versuchen, den ihn belastenden, ablehnenden Verwaltungsakt aus der Welt zu schaffen. Erst wenn dieses (Zwischen-)Ziel erreicht ist, kann er die weitergehende Verpflichtung der Behörde in Angriff nehmen. Die Verpflichtungsklage erspart dem Kläger, zwei Klagen mit der dargestellten unterschiedlichen Zielrichtung zu erheben.

---

70 § 113 Abs. 1 Satz 4 ist entsprechend auf andere Fallkonstellationen anzuwenden, z. B. auch vor Klageerhebung erledigte Verwaltungsakte, vgl. im einzelnen Kopp/Schenke, § 113 RdNr. 95 ff.

71 Zu den (teilweise umstrittenen) Einzelheiten vgl. Kopp/Schenke, § 113, RdNr. 101 ff. (zum Begriff der Erledigung) und RdNr. 129 ff. (zum berechtigten Interesse).

- **Allgemeine Leistungsklage** (vgl. §§ 43 Abs. 2, 111, 113 Abs. 3 VwGO); der Kläger begehrt eine Leistung der Verwaltung, die aber keine Verwaltungsaktsqualität aufweist (z. B. bloße Geldzahlung, Folgenbeseitigung, Unterlassung).
- **Feststellungsklage** (§ 43 VwGO); der Kläger begehrt die Feststellung
  - des Bestehens eines Rechtsverhältnisses,
  - des Nichtbestehens eines Rechtsverhältnisses,
  - der Nichtigkeit eines Verwaltungsaktes;

  Die Feststellungsklage ist nur statthaft, soweit der Kläger (§ 43 Abs. 2 VwGO)
  - ein Feststellungsinteresse hat und
  - seine Rechte nicht durch Gestaltungs- oder Leistungsklage verfolgen kann (außer wenn die Feststellung der Nichtigkeit eines Verwaltungsakts begehrt wird).
- **Normenkontrollantrag** (§ 47 VwGO).[72]

Keine eigenständigen Klagearten sind die (kommunal-)verfassungsrechtliche Organstreitigkeit[73] und die sog. Untätigkeitsklage[74] (§ 75 VwGO).

Zu den verwaltungsgerichtlichen **Eilverfahren** *vgl. unten 6.4.*

6.2.4 Die ordnungsgemäße Klageerhebung

§§ 81, 82 VwGO regeln die Voraussetzungen. *Vgl. dazu oben 5.1.*

6.2.5 Die Beteiligungsfähigkeit

Vgl. dazu oben 4.1.

6.2.6 Die Prozessfähigkeit

Vgl. dazu oben 4.2.

6.2.7 Die ordnungsgemäße Bevollmächtigung

Vgl. dazu oben 4.3.

6.2.8 Die Postulationsfähigkeit

Vgl. dazu oben 4.4.

6.2.9 Die Form

Vgl. dazu oben 4.5.

6.2.10 Die Frist

Vgl. dazu oben 4.6.

6.2.11 Die Klagebefugnis

Eine verwaltungsgerichtliche Klage ist grundsätzlich nur dann zulässig, wenn der Kläger geltend macht, durch einen Verwaltungsakt oder dessen Ablehnung

---

72 Normenkontrollanträge zu den Verfassungsgerichten werden hier nicht behandelt.
73 Vgl. Kopp/Schenke, Vorb. zu § 40, RdNr. 6.
74 Vgl. Kopp/Schenke, § 75, RdNr. 1.

oder Unterlassung **in seinen** (eigenen) **Rechten verletzt** zu sein (§ 42 Abs. 2 VwGO).

Der **Adressat** eines belastenden Verwaltungsakt kann eine solche Rechtsverletzung stets geltend machen; es bedarf dazu keiner weiteren Ausführungen. Der Kläger, der hingegen den Erlass eines ihn begünstigenden Verwaltungsaktes beansprucht, muss zumindest schlüssig die Möglichkeit darlegen, dass er einen Anspruch auf den begehrten Verwaltungsakt haben kann.

6.2.12 Das Vorverfahren

Die §§ 68 ff. VwGO verlangen für Anfechtungs- und Verpflichtungsklagen grundsätzlich die vorherige erfolglose Durchführung eines behördlichen Vorverfahrens (Widerspruchsverfahren; vgl. § 68 Abs. 1 Satz 1, Abs. 2 VwGO). Der Betroffene soll verwaltungsgerichtliche Hilfe erst nach einer nochmaligen Kontrolle der betreffenden Verwaltungsentscheidung durch die dazu berufenen Behörden in Ansprch nehmen können. Das Widerspruchsverfahren dient dem **Rechtsschutz** des Bürgers, der **Selbstkontrolle der Verwaltung** und der **Entlastung der Gerichte**.

In den Fällen des § 75 VwGO (grundlose Untätigkeit der Verwaltung) ist die Klage abweichend von § 69 VwGO zulässig (vgl. zu dieser sog. **Untätigkeitsklage** auch *oben 6.2.3*).

Gründe der Verfahrensökonomie und Kostenüberlegungen haben einzelne Länder dazu bewogen, von der Möglichkeit des § 68 Abs. 1 Satz 2 VwGO Gebrauch zu machen, und über die **Abschaffung des Widerspruchsverfahrens** nachzudenken. § 54 Abs. 2 Satz 2 BeamtStG eröffnet eine vergleichbare Möglichkeit für beamtenrechtliche Verfahren. Die Praxis in den Ländern ist uneinheitlich. Beispielsweise haben Bayern, Berlin, Hessen, Mecklenburg-Vorpommern, Nordrhein-Westfalen und Sachsen bereichsspezifische Lösungen entwickelt, in denen ein Widerspruchsverfahren nicht mehr stattfindet oder wahlweise unmittelbar Klage erhoben werden kann.[75] In anderen Ländern laufen regional beschränkte Modellversuche (Nordrhein-Westfalen). Baden-Württemberg und Sachsen-Anhalt verzichten auf die Durchführung eines Widerspruchsverfahrens, wenn Ausgangs- und Widerspruchsbehörde identisch sind. In den übrigen Ländern, insbesondere in Hamburg, Rheinland-Pfalz, Saarland, Schleswig-Holstein und Thüringen, gilt das Erfordernis des Widerspruchsverfahrens uneingeschränkt fort.[76]

---

75 Vgl. exemplarisch Art. 15 BayAGVwGO.

76 Zu Einzelheiten vgl. Lindner, Abschaffung des Widerspruchsverfahrens durch die Länder? – Zur Verfassungsmäßigkeit des Art. 15 Nr. 1 BayAGVwGO, BayVBl. 2005, 65 ff.; van Nieuwland, Abschaffung des Widerspruchsverfahrens in Niedersachsen – Bilanz nach knapp zwei Jahren, NdsVBl. 2007, 38 ff.; Holzner, Die Abschaffung des Widerspruchsverfahrens, DÖV 2008, 217 ff.; Geiger, Die Neuregelung des Widerspruchsverfahrens durch das AGVwGO, BayVBl. 2008, 161 ff.; Kamp, Reform des Widerspruchsverfahrens in Nordrhein-Westfalen, NWVBl. 2008, 41 ff.; Kothe, Überfällige Entrümpelung oder Erosion des Rechtsstaats?, AnwBl 2009, 96 ff.; Kintz, Die Beanstandungsklage nach § 17 RhPfAGVwGO, LKRZ 2009, 5 ff.; Guckelberger/Heimpel, Das Widerspruchsverfahren und seine Besonderheiten im Saarland, LKRZ 2009, 246 ff.

Ein Widerspruch hat Erfolg, wenn er zulässig und begründet ist.[77] Die wichtigsten Voraussetzungen für die **Zulässigkeit** eines (Anfechtungs-)Widerspruchs lauten:

- Eröffnung des **Verwaltungsrechtswegs** (*vgl. dazu oben 2.2*).
- **Statthaftigkeit:** Widerspruch ist nur gegen einen belastenden Verwaltungsakt (§ 35 VwVfG) statthaft, nicht z. B. gegen Realakte, Maßnahmen ohne Regelungscharakter oder Entwürfe von Verwaltungsakten (§ 68 Abs. 1 Satz 1 VwGO).
- **Form:** Widerspruch ist schriftlich oder zur Niederschrift bei der erlassenden Behörde zu erheben (§ 70 Abs. 1 Satz 1 VwGO). Mit der Erhebung des Widerspruchs beginnt das Widerspruchsverfahren (§ 69 VwGO).
- **Frist:** Die Widerspruchsfrist beträgt einen Monat, nachdem der Verwaltungsakt dem Beschwerten bekannt gegeben worden ist (§ 70 Abs. 1 Satz 1 VwGO). Die Frist kann auch gewahrt werden, wenn das Rechtsmittel fristgemäß bei der zuständigen Widerspruchsbehörde eingelegt wird (§ 70 Abs. 1 Satz 2 VwGO). Die Berechnung der Frist richtet sich nach § 57 Abs. 2 VwGO i. V. m. § 222 ZPO, §§ 187 ff. BGB[78].
- **Widerspruchsbefugnis:** Entsprechend § 42 Abs. 2 VwGO ist der Adressat eines belastenden Verwaltungsakts befugt, Widerspruch zu erheben.
- **Rechtsschutzbedürfnis:** *vgl. dazu unten 6.2.12.*

Ein Widerspruch ist begründet, wenn der angegriffene Verwaltungsakt rechtswidrig ist und den Widerspruchsführer in seinen Rechten verletzt (§ 113 Abs. 1 Satz 1 VwGO analog). Die Rechtswidrigkeit kann auf **formellen** oder **materiellen** Rechtsfehlern beruhen.

Formell rechtswidrig ist ein Verwaltungsakt beispielsweise, wenn eine vorgeschriebene Anhörung (§ 28 VwVfG) unterblieben ist, ein schriftlicher Verwaltungsakt nicht ausreichend begründet wurde (§ 39 VwVfG) oder ein Verwaltungsakt inhaltlich nicht hinreichend bestimmt ist (§ 37 VwVfG). Jedoch führt nicht jeder Fehler zur Aufhebung eines Verwaltungsakts im Widerspruchsverfahren. Offenbare Unrichtigkeiten, wie z. B. Schreib- oder Rechenfehler, kann die Behörde jederzeit berichtigen (§ 42 VwVfG). Verschiedene andere Verfahrensfehler sind heilbar (§ 45 VwVfG) oder gänzlich unbeachtlich (§ 46 VwVfG). *Vgl. auch unten 6.3.2.1.*

Materiell rechtswidrig ist ein belastender Verwaltungsakt, wenn er nicht auf einer ausreichenden **gesetzlichen Legitimation** beruht, etwa weil für seinen Erlass eine solche gänzlich fehlt oder weil die herangezogene Norm verfassungswidrig ist. Gleichwohl steht der Behörde kein Recht zu, eine rechtswidrige Norm nicht anzuwenden; vielmehr muss sie solche Normen so lange anwenden, bis sie für unwirksam erklärt werden oder aus sonstigen Gründen wegfallen. Rechtsfehler können ferner geschehen, wenn die Behörde den **Tatbe-**

77 Aus Platzgründen wird nur die Grobstruktur eines Anfechtungswiderspruchs dargestellt. Widerspruchsverfahren können vielfältige Detailprobleme aufweisen, die an anderer Stelle behandelt sind, z. B. bei Linhart, S. 372 ff. oder bei Kopp/Schenke, Vorb. zu § 68.

78 Vgl. Kopp/Schenke, § 70, RdNr. 8.

stand einer Norm verkennt, unbestimmte Rechtsbegriffe falsch anwendet oder Beurteilungsspielräume überschreitet. Hat die Behörde zwar den Tatbestand korrekt angewendet, bei Ermessensnormen aber **Ermessensfehler** begangen, so können Verwaltungsakte aus diesem Grund rechtswidrig sein. Schließlich kann die Entscheidung der Behörde unmittelbar gegen Verfassungsrecht verstoßen, etwa ein eingreifender Verwaltungsakt gegen den **Grundsatz der Verhältnismäßigkeit**. *Vgl. auch unten 6.3.2.2.*

Hält die Behörde, die den angegriffenen Verwaltungsakt erlassen hat, den Widerspruch für zulässig und begründet, so hilft sie ihm ab und entscheidet über die Kosten (§ 72 VwGO i. V. m. § 80 VwVfG). Misst die erlassende Behörde dem Widerspruch keine Erfolgsaussichten bei, so legt sie ihn der **Widerspruchsbehörde** vor. Dies ist grundsätzlich die nächst höhere oder eine gesetzlich besonders bestimmte Behörde (§ 73 Abs. 1 Satz 2 VwGO i. V. m. dem jeweiligen Fachrecht). Die Widerspruchsbehörde erlässt einen Widerspruchsbescheid, der zu begründen, mit einer Rechtsmittelbelehrung zu versehen und nach den Vorschriften des VwZG zuzustellen ist. Der Widerspruchsbescheid enthält auch eine Kostenentscheidung (§ 73 Abs. 3 VwGO i. V. m. § 80 VwVfG).

Mit dem Erlass des Widerspruchsbescheids ist das Verwaltungsverfahren abgeschlossen. Der ursprüngliche Verwaltungsakt bildet nun in der Gestalt, die er durch den Widerspruchsbescheid erfahren hat, die Grundlage für eine Anfechtungsklage (§ 79 Abs. 1 Nr. 1 VwGO; *vgl. unten 6.3.2*). Enthält der Widerspruchsbescheid gegenüber dem ursprünglichen Verwaltungsakt eine zusätzliche **selbstständige Beschwer**, insbesondere eine Änderung des ursprünglichen Verwaltungsakts zuungunsten des Betroffenen, so kann der Widerspruchsbescheid auch alleiniger Gegenstand der Anfechtungsklage sein (§ 79 Abs. 2 VwGO).

6.2.13 Das Rechtsschutzbedürfnis

Der Kläger muss ein Interesse an der Durchführung des verwaltungsgerichtlichen Verfahrens haben. Dieses Interesse fehlt beispielsweise bei einer Anfechtungsklage, wenn der angegriffene Ausgangs- und Widerspruchsbescheid bestandskräftig ist und die Klage nicht auf eine Fortsetzungsfeststellungsklage umgestellt wird (*vgl. zur Klageänderung oben 5.1*).

Es fehlt ferner bei einer Anfechtungsklage, wenn lediglich der Widerspruchsbescheid, nicht aber »der ursprüngliche Bescheid in der Gestalt des Widerspruchsbescheids« (§ 79 Abs. 1 VwGO) angegriffen wird. Denn die isolierte Aufhebung des Widerspruchsbescheids würde dem Kläger nichts nützen (es sei denn, er enthielte eine zusätzliche Belastung, § 79 Abs. 2 VwGO), weil der Ausgangsbescheid bestandskräftig würde.

Das Rechtsschutzbedürfnis fehlt schließlich bei einer Verpflichtungsklage, wenn lediglich die Aufhebung der ablehnenden Bescheide verlangt wird, nicht aber darüber hinaus die Verpflichtung zum Erlass eines begünstigenden Verwaltungsakts.

Es fehlt auch, wenn der Kläger gerichtliche Hilfe bei einer Leistungsklage in Anspruch nehmen möchte, obwohl er vorher bei der Behörde noch keinen entsprechenden Antrag gestellt hat.

6.3 Die Begründetheit

Um Erfolgschancen zu haben, muss eine Klage außerdem begründet sein. Die Begründetheit der Klage ist eine Frage des **materiellen Rechts.**

6.3.1 Die Passivlegitimation

Die Klage muss sich gegen den **richtigen Beklagten** richten (*vgl. oben 3.3*). Hinweise für diese sog. Passivlegitimation ergeben sich für die Anfechtungs-, die Verpflichtungs- und die Fortsetzungsfeststellungsklage aus § 78 VwGO.

☞ Wurde die falsche Behörde verklagt, ist die Klage unbegründet.

6.3.2 Die Anfechtungsklage

☞ Gegenstand der Anfechtungsklage ist der ursprüngliche Verwaltungsakt in der Gestalt, die er durch den Widerspruchsbescheid erhalten hat (*vgl. oben 6.2.3*). Es sollte klar sein, welche Entscheidung(en) angegriffen werden und in welchem Umfang dies geschieht (z. B. vollumfänglich oder teilweise). Die Klage kann nur Erfolg haben, wenn der richtige **Klageantrag** gestellt wurde.

☞ **Beispiele:**

Antrag auf **vollständige Aufhebung** von Bescheid und Widerspruchsbescheid:

»... den Bescheid der Landeshauptstadt München vom 27. April 2010 (Az. ...) und den Widerspruchsbescheid der Regierung von Oberbayern vom 28. Mai 2010 (Az. ...) aufzuheben.«

Antrag auf **teilweise Aufhebung** von Bescheid und Widerspruchsbescheid:

»... Nr. 2 des Bescheids der Landeshauptstadt München vom 26. April 2010 (Az. ...) und den Widerspruchsbescheid der Regierung von Oberbayern vom 5. Juli 2010 (Az. ...) aufzuheben.«

Antrag auf **Aufhebung eines Widerspruchsbescheids**, der gegenüber dem Ausgangsbescheid eine zusätzliche Beschwer enthält (§ 79 Abs. 2 VwGO):

»... den Widerspruchsbescheid des Regierungspräsidiums Kassel insoweit aufzuheben, als darin die Frist für die Ausreise des Klägers auf zwei Wochen ab Unanfechtbarkeit der Ausreisepflicht abgekürzt wird.«

Die Anfechtungsklage ist begründet, soweit der angefochtene Verwaltungsakt rechtswidrig und der Kläger dadurch in seinen Rechten verletzt ist (§ 113 Abs. 1 Satz 1 VwGO). Die Rechtswidrigkeit kann formelle oder materielle Ursachen haben:

6.3.2.1 Die formelle Rechtswidrigkeit

Je nach ihrem Gewicht entscheiden formelle Mängel über die Rechtswidrigkeit (oder sogar Nichtigkeit) eines Verwaltungsakts. Die häufigsten Fehler sind:

- **offenbare Unrichtigkeit**; bloße formale Mängel führen nicht in jedem Fall zur Rechtswidrigkeit eines Verwaltungsaktes. Beispielsweise kann eine Behörde Schreibfehler, Rechenfehler und ähnliche offenbare Unrichtigkeiten jederzeit und problemlos berichtigen (§ 42 VwVfG). Der Durchführung eines Rechtsmittelverfahrens bedarf es dazu nicht.
- **Nichtigkeit**; andererseits können formelle Mängel aber auch derart schwer wiegen, dass sie die Nichtigkeit eines Verwaltungsaktes zur Folge haben. § 44 VwVfG nennt Nichtigkeitsgründe. Danach ist ein Verwaltungsakt nichtig, *»... soweit er an einem besonders schwerwiegenden Fehler leidet und dies bei verständiger Würdigung aller in Betracht kommenden Umstände offenkundig ist.«* Diese Voraussetzungen festzustellen, kann im Einzelfall erhebliche Schwierigkeiten bereiten. Der Gesetzgeber hat daher in § 44 Abs. 2 und 3 VwVfG Positiv- bzw. Negativabgrenzungen getroffen und dem Rechtsanwender für die dort genannten Fälle die mühselige Prüfung von § 44 Abs. 1 VwVfG von Gesetzes wegen erspart (zur Feststellung der Nichtigkeit eines Verwaltungsaktes *vgl. auch oben 6.2.3 und unten 6.3.6*).
- **formelle Rechtswidrigkeit**; es gibt eine Reihe von Gründen, aus denen ein Verwaltungsakt formell rechtswidrig sein kann, z. B. Erlass eines Verwaltungsakts durch eine **unzuständige Behörde** (§ 44 Abs. 2 Nr. 3, Abs. 3 Nr. 1 VwVfG), **unterbliebene Anhörung** (§ 28 VwVfG) oder **fehlende Begründung** (§ 39 VwVfG). Das Verwaltungsgericht hätte auch einen formell rechtswidrigen Verwaltungsakt aufzuheben. Die Behörde könnte anschließend einen neuen, rechtmäßigen Verwaltungsakt erlassen. Um diesen Umständen aus dem Weg zu gehen, sieht das Verwaltungsverfahrensrecht **Heilung**smöglichkeiten für Verfahrens- und Formfehler vor.[79] Wird die betreffende Verfahrenshandlung nachgeholt, so ist der begangene Formalverstoß nach dem Willen des Gesetzgebers »unbeachtlich«. Der Verwaltungsakt wird formell rechtmäßig. Für den Verwaltungsprozess sind diese Möglichkeiten insofern von Bedeutung, als eine Heilung noch **bis zum Abschluss des verwaltungsgerichtlichen Verfahrens** in Betracht kommt (§ 45 Abs. 2 VwVfG).
- **Folgen von Verfahrens- und Formfehlern**; wurden formelle Fehler nicht geheilt, so ist der betreffende Verwaltungsakt vom Gericht grundsätzlich als rechtswidrig aufzuheben. Dennoch kann der von einem Verwaltungsakt Betroffene die Aufhebung nicht beanspruchen, *»... wenn keine andere Entscheidung in der Sache hätte getroffen werden können«* (§ 46 VwVfG). In den Fällen solcher **gebundenen Entscheidungen** sollen nach dem Willen des Gesetzgebers selbst die Verwaltungsgerichte formelle Fehler eines Verwaltungsaktes tolerieren, wenn die Behörde **im Ergebnis** keine andere als die getroffene Entscheidung hätte treffen können. Etwas anderes gilt nur bei

79 Vgl. den Katalog heilbarer Formfehler in § 45 VwVfG.

Ermessensentscheidungen.[80] Das Gericht darf seine Erwägungen nicht an die Stelle der Behörde setzen (Ausnahme: »Ermessensreduzierung auf Null«).

6.3.2.2 Die materielle Rechtswidrigkeit

Die Rechtswidrigkeit eines Verwaltungsaktes kann (verschiedenartige) materiellrechtliche Ursachen haben. Die Behörde hat beispielsweise Rechtsvorschriften fehlerhaft angewendet oder (vorrangiges) Verfassungsrecht missachtet. Die häufigsten Fehler sind:

- **falsche Normanwendung**; materielle Rechtsfehler können zum einen auf der Tatbestandsseite von Normen vorkommen (z. B. wenn **unbestimmten Rechtsbegriffen** ein unzutreffender Inhalt beigemessen oder ein Beurteilungsspielraum falsch ausgeschöpft wird). Materielle Rechtsfehler können auch auf der **Rechtsfolgenseite** auftreten, wenn die Behörde bei gebundenen oder bei Ermessensentscheidungen an einen bestimmten Sachverhalt unzulässige Rechtsfolgen knüpft (z. B. **Ermessensfehler**).
- **Verstoß gegen Verfassungsrecht**, insbesondere gegen **Grundrechte.**[81] Vor allem der Gleichheitssatz und der Grundsatz der Verhältnismäßigkeit können verletzt sein.

6.3.3 Die Fortsetzungsfeststellungsklage

☞ Gegenstand der Fortsetzungsfeststellungsklage ist ein erledigter Verwaltungsakt (*vgl. oben 6.3.2*). Die Klage hat Erfolg, wenn der Kläger an der Feststellung dieser Rechtswidrigkeit ein besonderes Interesse hat und der erledigte Verwaltungsakt formell oder materiell rechtswidrig war (*vgl. oben 6.3.2.1 und 6.3.2.2*). Der **Klageantrag** muss sich an diesen Erfordernissen orientieren.

Beispiel:

»... festzustellen, dass das mit Bescheid des Lahn-Dill-Kreises vom 8. April 2011 (Az. ...) verfügte Versammlungsverbot rechtswidrig gewesen ist.«

6.3.4 Die Verpflichtungsklage

Gegenstand der Verpflichtungsklage sind zum einen die ablehnenden Entscheidungen der Behörde, zum anderen der begehrte Verwaltungsakt (*vgl. oben 6.2.3*). Es sollte klar sein, welche Entscheidungen in welchem Umfang aufgehoben werden sollen und welcher Verwaltungsakt darüber hinaus begehrt wird. Danach richtet sich der **Klageantrag**:

☞ **Beispiel:**

»Die Beklagte wird verurteilt, unter Aufhebung ihres Bescheids vom 12.4.2011 (Az. ...) und des Widerspruchsbescheids des Landratsamts W vom 12.7.2011 (Az. ...), der Klägerin die beantragte Sondernutzungserlaubnis zu erteilen.«

---

80 Wobei für die Verwaltungsbehörde die Möglichkeit besteht, »... ihre Ermessenserwägungen hinsichtlich des Verwaltungsaktes auch noch im verwaltungsgerichtlichen Verfahren zu ergänzen« (§ 114 Satz 2 VwGO).

81 Vgl. Art. 1 Abs. 3 GG: »Die nachfolgenden Grundrechte binden Gesetzgebung, vollziehende Gewalt und Rechtsprechung als unmittelbar geltendes Recht.«

Die Verpflichtungsklage ist begründet, soweit die Ablehnung oder Unterlassung des Verwaltungsakts rechtswidrig und der Kläger dadurch in seinen Rechten verletzt ist (§ 113 Abs. 5 Satz 1 VwGO). Die Rechtswidrigkeit der Ablehnung kann formelle oder materielle Ursachen haben (*vgl. dazu oben 6.3.2.1 und 6.3.2.2 entsprechend*). Der Kläger muss auf den beantragten Verwaltungsakt einen Anspruch haben.

Das Gericht kann aber die Behörde nur dann zur Vornahme der beantragten Amtshandlung verurteilen, wenn die Sache **spruchreif** ist (sog. **Verpflichtungsurteil**). Ein solcher Verpflichtungsausspruch kann nur dann ergehen, wenn der Kläger einen Rechtsanspruch gerade auf den von ihm begehrten Verwaltungsakt hat und der Behörde keinerlei Entscheidungsalternativen zur Verfügung stehen. Dies ist nur bei gebundenen Entscheidungen und bei Ermessensentscheidungen in Form der »Ermessensreduzierung auf Null« der Fall. Verbleiben der Behörde Entscheidungsalternativen, so ist das Verwaltungsgericht aus Gründen der Gewaltenteilung gehindert, sich an die Stelle der zur Entscheidung berufenen Behörde zu setzen. § 113 Abs. 5 Satz 2 VwGO schreibt daher für solche Fälle vor, dass das Gericht die Verpflichtung ausspricht, den Kläger unter Beachtung der Rechtsauffassung des Gerichts zu bescheiden (sog. **Bescheidungsurteil**).

☞ Der Kläger, der einen im Ermessen der Behörde stehenden Verwaltungsakt erstreiten möchte, auf den er einen Anspruch zu haben glaubt, sollte zur Vermeidung von Prozessnachteilen daher einen **Haupt-** und einen **Hilfsantrag** stellen.[82]

Beispiel:

»Die Beklagte wird verurteilt, unter Aufhebung ihres Bescheids vom 12.4.2011 (Az. …) und des Widerspruchsbescheids des Landratsamts W vom 12.7.2011 (Az. …) der Klägerin die beantragte Sondernutzungserlaubnis zu erteilen,

hilfsweise:

Die Beklagte wird unter Aufhebung ihres Bescheids von 12.4.2011 (Az. …) und des Widerspruchsbescheids des Landratsamts W vom 12.7.2011 (Az. …) verurteilt, die Klägerin unter Beachtung der Rechtsauffassung des Gerichts neu zu bescheiden.«

6.3.5 Die allgemeine Leistungsklage

☞ Gegenstand der allgemeinen Leistungsklage ist eine Leistung der Verwaltung, die nicht im Erlass eines Verwaltungsakts besteht (*vgl. oben 6.2.3*). Der **Klageantrag** muss zum einen auf Gewährung dieser Leistung gerichtet und zum anderen so präzise wie möglich sein.

Beispiele:

Öffentlich-rechtlicher Erstattungsanspruch:

»Der Beklagte wird verurteilt, an die Klägerin 1 728,50 EUR nebst 5 % Zinsen seit dem 5.9.2008 zu zahlen.«

---

82 Zur (erhöhten) Streitwertfestsetzung in diesem Fall vgl. unten 7.8.

Leistungs- und Unterlassungsanspruch:

»Die Beklagte wird verurteilt, die Behauptung ihres Bürgermeisters [folgt Wortlaut] zu widerrufen und künftig zu unterlassen.«

Werden neben einer Geldleistung **Zinsen** beansprucht, so handelt es sich entweder um Verzugszinsen (wobei die §§ 284 ff. BGB grundsätzlich nicht anwendbar sind[83]) oder um **Prozesszinsen** (§ 291 BGB analog).[84]

6.3.6 Die Feststellungsklage

Den Gegenstand der Feststellungsklage kann einerseits das Besehen oder Nichtbestehen eines Rechtsverhältnisses, andererseits die Feststellung der Nichtigkeit eines Verwaltungsakts (*vgl. dazu oben 6.3.2.1*) bilden.

Beispiele:

Feststellung des **Bestehens eines Rechtsverhältnisses:**

»Es wird festgestellt, dass der Kläger seit dem 1. März 1998 Beamter auf Lebenszeit im Dienste des Beklagten ist.«

Feststellung der **Nichtigkeit eines Verwaltungsakts:**

»Es wird festgestellt, dass der Bescheid des Staatlichen Umweltamtes E vom 15. Juli 2011 (Az. ...) nichtig ist.«

6.3.7 Der Normenkontrollantrag

☞ Gegenstand eines Normenkontrollverfahrens nach § 47 VwGO sind Normen, die im Range unter Landesgesetzen stehen (Rechtsverordnungen, Satzungen; § 47 Abs. 1 VwGO). Der beim Oberverwaltungsgericht bzw. Verwaltungsgerichtshof zu stellende Antrag muss auf Unwirksamkeitserklärung der angegriffenen Norm oder eines Normteils gerichtet sein (§ 47 Abs. 5 Satz 2 VwGO). Die Unwirksamkeit (oder teilweise Unwirksamkeit) einer Norm kann auf einer Verletzung von Vorschriften des Normsetzungsverfahrens oder auf materiellrechtlichen Gründen beruhen.

Beispiele:

Gesamtunwirksamkeit einer Norm:

»Die Verordnung der Stadt A zum Schutz der Jugend und des öffentlichen Anstandes in der Stadt A vom 24. Mai 2007 (StAnz. S. 1293) ist nichtig.«

Teilunwirksamkeit einer Norm:

»§ 3 der Ordnungsbehördlichen Verordnung zur Abwehr von Gefahren durch Zucht, Ausbildung, Abrichten und Halten gefährlicher Hunde (Gefahren-Hundeverordnung GefHuVO) vom 20. März 2010 (StAnz. S. 884) ist unwirksam.«

Die Zulässigkeit des Antrags unterliegt folgenden Voraussetzungen:

- **Verwaltungsrechtsweg** (§ 40 Abs. 1 VwGO); *vgl. dazu oben 2.2.*

83 Vgl. BVerwG, DVBl. 1994, 1311; OVG Koblenz, NVwZ 1992, 798.

84 Vgl. BVerwGE 51, 287, 288; 58, 316, 326; BVerwG, DVBl. 1996, 104. Der Zinssatz liegt fünf Prozentpunkte über dem Basissatz nach § 1 des Diskontsatz-Überleitungs-Gesetzes (§ 288 BGB analog). Zinseszinsen können nicht beansprucht werden (§ 289 BGB analog). Weitere Hinweise bei Ebert, Zinsansprüche im Verwaltungsprozess, KommP MO Nr. 12/2001, 324 ff.

- **Schriftform** des Antrags (§ 81 Abs. 1 Satz 1 VwGO) mit Bezeichnung des **Antragstellers**, des **Antragsgegners** (Rechtsträgers) und der **beanstandeten Rechtsvorschrift** (§ 47 Abs. 2 VwGO); *vgl. dazu oben 5.1.*
- Prüfungsgegenstand: **unterlandesgesetzliche Rechtsnorm**, (§ 47 Abs. 1 VwGO; z. B. Kommunalabgabensatzungen, Bebauungspläne, ordnungsbehördliche Verordnungen.
- **Antragsbefugnis;** Nachteil des Antragstellers: der Antragsteller muss damit zu rechnen haben, dass gegen ihn aufgrund der angegriffenen Norm belastende Maßnahmen ergriffen werden; Behörden sind nur antragsbefugt, wenn sie mit der Ausführung der Norm befasst sind oder die Norm in Wahrnehmung ihrer öffentlichen Aufgaben zu berücksichtigen haben.[85]
- **Rechtsschutzinteresse.**

Der Normenkontrollantrag ist begründet, wenn die angegriffene Norm gegen höherrangiges Recht (Landes-, Bundes-, Verfassungsrecht) verstößt. Ein derartiger Verstoß kann **formelle** oder **materielle** Ursachen haben.

6.4 Die verwaltungsgerichtlichen Eilverfahren

Die VwGO sieht zwei Verfahren zur Gewährung vorläufigen Rechtsschutzes vor:[86]

- das Verfahren nach **§ 80 Abs. 5 VwGO** (ergänzt durch **§ 80a VwGO**) mit dem Ziel der **Wiederherstellung** oder **Anordnung der aufschiebenden Wirkung** eines Widerspruchs bzw. einer Anfechtungsklage (*vgl. unten 6.4.1*),
- das Verfahren nach § **123 VwGO** zur Erlangung einer einstweiligen Anordnung (*vgl. unten 6.4.2*).

Um Erfolg zu haben, müssen die in diesen Verfahren gestellten Anträge **zulässig und begründet** sein (*vgl. oben 6.1*).

Grundsätzlich gelten die Vorschriften über das Klageverfahren entsprechend. Folgende **Besonderheiten** und **Abweichungen** sind zu beachten:

- die Hauptbeteiligten heißen nicht Kläger und Beklagter (*vgl. oben 3.2 und 3.3*), sondern **Antragsteller** und **Antragsgegner**. Antragsgegner ist die Körperschaft, deren Behörde den angegriffenen Verwaltungsakt erlassen hat (§§ 78, 79 VwGO entsprechend)[87]
- Anstelle der Vorsilbe »Klage-« tritt die Vorsilbe »Antrags-«; z. B. erfolgt keine Klageerwiderung (*vgl. oben 5.3.4*), sondern eine **Antragserwiderung**, anstelle einer Klagerücknahme eine **Antragsrücknahme** (*vgl. unten 7.6.1*) usw.
- Eine **Beweisaufnahme** (*vgl. oben 5.5*) findet im Eilverfahren ebenso wie eine **mündliche Verhandlung** (*vgl. oben 5.6*) schon aus Zeitgründen grundsätzlich nicht statt. Zur Überzeugungsbildung des Gerichts reicht eine überwie-

---

85 Vgl. BVerwGE 81, 307.

86 Das Eilrechtsschutzverfahren des § 47 Abs. 6 VwGO – Erlass einer einstweiligen Anordnung im Normenkontrollverfahren – wird hier nicht gesondert behandelt.

87 Ausnahmsweise auch der Rechtsträger der Widerspruchsbehörde, wenn diese im Widerspruchsverfahren erst die sofortige Vollziehung angeordnet hat.

gende Wahrscheinlichkeit aus.[88] Hingegen kann das Gericht in einzelnen Fällen die (kurzfristige) Anberaumung eines **Erörterungstermins** (*vgl. oben 5.4.8*) für zweckmäßig halten. Die Ladungsfristen können in solchen Fällen abgekürzt werden (*vgl. oben 5.4.6*).

- Die **Anhörung** des Antragsgegners und sonst durch die Entscheidung Betroffener ist grundsätzlich geboten.[89]
- Die gerichtliche Entscheidung ergeht durch **Beschluss** (*vgl. unten 7.4.2 und 7.4.3*) der Berufsrichter des gesamten Spruchkörpers, des Einzelrichters (*vgl. oben 2.4*) oder – in dringenden Fällen – des Vorsitzenden (§§ 5 Abs. 3 Satz 2, 80 Abs. 8, 123 Abs. 2 Satz 3 VwGO). Wegen der Eilbedürftigkeit ergeht oftmals ein sog. **Tenorbeschluss** (*vgl. unten 7.2.4*); die Zustellung der vollständigen, mit Gründen versehenen Entscheidung ist baldmöglichst nachzuholen.
- Gegen den Beschluss ist **Beschwerde** statthaft (*vgl. unten 8.4.2*).

6.4.1 Das Verfahren nach §§ 80 Abs. 5, 80a VwGO

Dieses Verfahren kommt nur zur Anwendung, wenn in der Hauptsache **Anfechtungsklage** (*vgl. oben 6.2.3 und 6.3.2*) zu erheben ist.

Der Antrag ist **zulässig**, wenn die allgemeinen Prozessvoraussetzungen vorliegen (*vgl. dazu oben 4*). Gegenüber der Zulässigkeit einer verwaltungsgerichtlichen Anfechtungsklage (*vgl. oben 6.3.2*) bestehen folgende Besonderheiten:

- Der Antrag ist nur gegen einen (noch anfechtbaren) Verwaltungsakt[90] **statthaft**, der entweder kraft Gesetzes (§ 80 Abs. 2 Nr. 1 bis 3) oder durch besondere Anordnung (§ 80 Abs. 2 Nr. 4, Abs. 3 VwGO) **sofort vollziehbar** ist. Das Gesetz ordnet in einer Reihe von Fällen an, dass Widerspruch und Anfechtungsklage nicht die aufschiebende Wirkung entfalten, die ihnen § 80 Abs. 1 VwGO grundsätzlich beimisst (*vgl. auch unten 7.4.2*):
  - Bei der Anforderung von **öffentlichen Abgaben** und **Kosten** (§ 80 Abs. 2 Nr. 1 VwGO); unter den Begriff der **Abgaben** fallen alle Steuern, Gebühren und Beiträge im Sinne der Abgabenordnung, soweit sie im Verwaltungsrechtsweg angreifbar sind (*vgl. oben 2.2*). Ob Geldforderungen, die keine Abgaben im abgabenrechtlichen Sinne sind, unter Nr. 1 fallen, ist umstritten.[91] **Kosten** sind Gebühren und Auslagen, die den an einem Verwaltungsverfahren Beteiligten nach Maßgabe gesetzlicher Vorschriften auferlegt werden.
  - Bei unaufschiebbaren Anordnungen und Maßnahmen von **Polizeivollzugsbeamten** (§ 80 Abs. 2 Nr. 2 VwGO); die Vorschrift gilt analog für amtliche **Verkehrszeichen.**[92]

---

88 Vgl. OVG Berlin, DVBl. 1992, 286; VGH Mannheim, DVBl. 1976, 546; BayVGH, BayVBl. 1976, 368.
89 Vgl. BVerfGE 65, 233; BVerfG, DVBl. 1985, 669.
90 D. h. einen Verwaltungsakt, der noch keine Bestandskraft erlangt hat.
91 Vgl. Kopp/Schenke, § 80 RdNr. 61 ff.
92 Vgl. BVerwG, NJW 1978, 656, 2211; 1982, 348.

- In Fällen, in denen **Bundes-** oder **Landesgesetze** dies vorsehen (§ 80 Abs. 2 Nr. 3 VwGO), z. B. § 84 Abs. 1 AufenthG (*vgl. unten 7.4.2*).
- In Fällen, in denen die **sofortige Vollziehung angeordnet** wurde (§ 80 Abs. 2 Nr. 4 VwGO); das besondere Interesse an der sofortigen Vollziehung des Verwaltungsakts ist grundsätzlich schriftlich zu begründen (§ 80 Abs. 3 VwGO). Die Behörde muss vor Erlass der jeweiligen Anordnung die Interessen der Öffentlichkeit und/oder eines Betroffenen mit den entgegenstehenden Interessen eines anderen Betroffenen, der an dem Bestand der aufschiebenden Wirkung des Widerspruchs ein rechtliches Interesse hat, gegeneinander abwägen. Hierzu ist in jedem Fall eine Einzelabwägung erforderlich. Floskelhafte Formulierungen oder eine bloße Wiederholung des Gesetzestextes lässt die Rechtsprechung nicht ausreichen. Die Behörde muss zu erkennen geben, dass sie sich die Mühe gemacht hat, die berührten Interessen vertretbar zu gewichten.
- **Widerspruch** (oder Anfechtungsklage) muss **erhoben** sein (*vgl. oben 6.2.12*; der Antrag ist schon vor Erhebung der Anfechtungsklage zulässig, § 80 Abs. 5 Satz 2 VwGO).[93]
- Der Antrag muss entsprechend § 81 Abs. 1 VwGO **schriftlich** gestellt werden. Beim Verwaltungsgericht kann er auch zur Niederschrift des Urkundsbeamten der Geschäftsstelle gestellt werden (*vgl. oben 3.9 und 4.5*).
- Der Antragsteller muss entsprechend § 42 Abs. 2 VwGO **antragsbefugt** sein (*vgl. oben 6.2.11*).[94]
- Das allgemeine **Rechtsschutzbedürfnis** muss gegeben sein (*vgl. oben 6.2.13*). Es fehlt beispielsweise, wenn der angegriffene Verwaltungsakt inzwischen bestandskräftig geworden ist oder wenn die Behörde zugesichert hat, sie werde den Verwaltungsakt nicht vor der Entscheidung über das in der Hauptsache eingelegte Rechtsmittel vollziehen.[95]
- In den Fällen des § 80 Abs. 2 Nr. 1 VwGO (Anforderung öffentlicher Abgaben und Kosten) ist der Antrag nur zulässig, wenn die Behörde einen **Antrag auf Aussetzung** der Vollziehung ganz oder zum Teil abgelehnt hat (§ 80 Abs. 6 Satz 1 VwGO).[96] Dieses Erfordernis gilt jedoch nicht (§ 80 Abs. 6 Satz 2 VwGO), wenn:
  1. die Behörde über den Antrag ohne Mitteilung eines zureichenden Grundes in angemessener Frist sachlich nicht entschieden hat oder
  2. eine Vollstreckung droht.

Der Antrag ist **begründet**, wenn eine **summarische Prüfung** der Sach- und Rechtslage durch das Gericht ergibt, dass der verfahrensgegenständliche **Ver-**

93 Ob ein (z. B. wegen Versäumnis der Widerspruchsfrist) unzulässiger oder offensichtlich unbegründeter Rechtsbehelf die aufschiebende Wirkung auslösen kann, ist umstritten, vgl. Kopp/Schenke, § 80 RdNr. 51 ff.
94 BVerwG, NJW 1993, 1610.
95 Vgl. Kopp/Schenke, § 80 RnNr. 136 f.
96 Vgl. ThürOVG, ThürVBl. 1995, 64.

waltungsakt[97] **offenbar rechtswidrig** ist. Denn an der sofortigen Vollziehung eines rechtswidrigen Verwaltungsakts kann niemals ein berechtigtes öffentliches oder ein privates Interesse bestehen.

Führt die gerichtliche Prüfung dagegen zu dem Ergebnis, dass der angegriffene Verwaltungsakt offensichtlich (formell und materiell) rechtmäßig ist, überwiegt das öffentliche Interesse an seinem Sofortvollzug regelmäßig das private Interesse des Antragstellers, von den Folgen des Verwaltungsakts bis zu einer abschließenden gerichtlichen Entscheidung im Hauptsacheverfahren verschont zu bleiben. Der Antrag ist dann **unbegründet**. Im Falle des § 80 Abs. 2 Nr. 4 VwGO prüft das Verwaltungsgericht außerdem, ob die Begründung der Anordnung des Sofortvollzugs den besonderen formellen Anforderungen des § 80 Abs. 3 VwGO entspricht.

Lässt sich dagegen weder die Rechtmäßigkeit noch die Rechtswidrigkeit des angegriffenen Verwaltungsakts ohne weiteres aufgrund einer summarischen Prüfung der Sach- und Rechtslage beurteilen, so ist der **Ausgang des Hauptsacheverfahrens offen**. In einem solchen Fall wird das Verwaltungsgericht eine Abwägung zwischen den öffentlichen Interessen, die für einen sofortigen Vollzug sprechen, einerseits und dem Interesse des Betroffenen an einem Aufschub der Vollziehung bis zu einer bestandskräftigen Entscheidung über seinen Widerspruch andererseits vornehmen.[98]

§ 80a VwGO ergänzt die Möglichkeiten des vorläufigen Rechtsschutzes nach § 80 VwGO bei **Verwaltungsakten mit Doppelwirkung**. Die Behörde kann (§ 80a Abs. 1 VwGO)
- entweder auf Antrag des Begünstigten nach § 80 Abs. 2 Nr. 4 VwGO die sofortige Vollziehung anordnen
- oder auf Antrag des Dritten nach § 80 Abs. 4 VwGO die Vollziehung aussetzen und einstweilige Maßnahmen zur Sicherung der Rechte des Dritten treffen.

Legt ein Betroffener gegen einen an ihn gerichteten belastenden Verwaltungsakt, der einen **Dritten begünstigt**, einen Rechtsbehelf ein, kann die Behörde auf Antrag des Dritten nach § 80 Abs. 2 Nr. 4 VwGO die sofortige Vollziehung anordnen (§ 80a Abs. 2 VwGO).

Das **Gericht** kann nach § 80a Abs. 3 i. V. m. § 80 Abs. 5 VwGO auf Antrag Maßnahmen der Behörde nach § 80a Abs. 1 und 2 VwGO ändern oder aufheben. Auch in diesem Verfahren prüft das Gericht summarisch, ob der eingelegte Rechtsbehelf Aussicht auf Erfolg haben wird.

97 Ggf. in Gestalt des Widerspruchsbescheids, vgl. § 79 VwGO. *S. dazu auch oben 6.2.12.*
98 ThürOVG, ThürVBl. 1994, 111.

Muster: Antrag auf Wiederherstellung der aufschiebenden Wirkung

Verwaltungsgericht den,
Rechtsantragsstelle

Gegenwärtig: als Urkundsbeamt(in)/er der Geschäftsstelle

Es erscheint:

und erklärt:

In der Verwaltungsstreitsache der/des

gegen – Antragsteller/in –

– Antragsgegner/in –

wegen

stelle ich folgenden Antrag auf Wiederherstellung der aufschiebenden Wirkung des Widerspruchs/der Anfechtungsklage

Begründung:

Gelesen, genehmigt und unterschrieben:

Geschlossen:

6.4.2 Das Verfahren nach § 123 VwGO

Dieses Verfahren kommt nur in Fällen zur Anwendung, in denen in der Hauptsache **nicht** die **Anfechtungsklage** statthaft ist (§ 123 Abs. 5 VwGO).[99] Das Verfahren nach § 123 VwGO ist statthaft, wenn in der **Hauptsache** eine Verpflichtungsklage (*vgl. oben 6.3.4*), eine allgemeine Leistungsklage (*vgl. oben 6.3.5*) oder eine Feststellungsklage (*vgl. oben 6.3.6*) zu erheben ist. Für die Bestimmung der richtigen Klageart kommt es in erster Linie auf die Ausgestaltung der Maßnahme im materiellen Recht an.

Beispiel:

Vorläufiger Rechtsschutz gegen die Nichtversetzung eines Schülers in die nächste Klasse ist nur im Verfahren über § 123 VwGO zu erreichen.[100]

Ein unzutreffend gestellter Antrag (z. B. ein Antrag nach § 80 Abs. 5 VwGO) kann gegebenenfalls (z. B. in einen Antrag nach § 123 VwGO) **umgedeutet**

99 Für solche Fälle ist das Eilverfahren nach § 80 Abs. 5 VwGO vorgesehen, *vgl. oben 6.4.1.*
100 BayVGH, NVwZ 1986, 398; VGH Mannheim, NVwZ-RR 1993, 358.

werden.[101] Allerdings ist die Umdeutung eines ausdrücklich gestellten Antrags nach 80 Abs. 5 VwGO nicht unproblematisch, wenn der Antragsteller durch bevollmächtigte Rechtsanwälte vertreten wird. Auch die Unterstützungspflicht des Gerichts (§ 86 Abs. 3 VwGO) findet ihre klaren Grenzen gegenüber einem durch einen Anwalt vertretenen Beteiligten.[102]

Damit der Antrag **zulässig** ist, müssen zunächst die allgemeinen Prozessvoraussetzungen vorliegen (*vgl. dazu oben 4*). Gegenüber der Zulässigkeit einer verwaltungsgerichtlichen Verpflichtungsklage bzw. einer allgemeinen Leistungsklage bestehen folgende Besonderheiten:

- Der Antrag kann bereits **vor Klageerhebung** gestellt werden (§ 123 Abs. 1 Satz 1 VwGO).
- Der Antrag ist schriftlich zu stellen (§ 81 VwGO entsprechend bzw. § 123 Abs. 3 VwGO i. V. m. § 920 Abs. 3 ZPO). Beim Verwaltungsgericht kann er auch zur Niederschrift des Urkundsbeamten der Geschäftsstelle gestellt werden (*vgl. oben 3.9 und 4.5*).
- **Zuständig** ist das **Gericht der Hauptsache** (§ 123 Abs. 2 VwGO).
- Eine **Antragsfrist** besteht nicht. Jedoch hat das Gericht die Möglichkeit, die Fortdauer der Anordnung von der Erhebung einer Klage in der Hauptsache innerhalb einer bestimmten Frist abhängig zu machen (§ 123 Abs. 3 VwGO i. V. m. § 926 ZPO).
- Ein **Anordnungsgrund** und ein **Anordnungsanspruch** sind geltend zu machen (§ 42 Abs. 2 VwGO entsprechend bzw. § 123 Abs. 3 VwGO i. V. m. § 920 Abs. 1 ZPO). Ob beide Voraussetzungen glaubhaft gemacht sind, ist eine Frage der Begründetheit des Antrags.
- Das allgemeine **Rechtsschutzbedürfnis** muss gegeben sein (*vgl. oben 6.2.13*). Es fehlt beispielsweise, wenn sich der Antragsteller mit seinem Anliegen noch nicht an die zuständige Behörde gewandt hat[103] oder wenn das Hauptsacheverfahren rechtskräftig abgeschlossen ist.

Der Antrag ist **begründet**, wenn eine **summarische Prüfung** der Sach- und Rechtslage durch das Gericht ergibt, dass der behauptete **Anordnungsgrund** und der behauptete **Anordnungsanspruch** glaubhaft gemacht sind (§ 123 Abs. 3 VwGO i. V. m. § 920 Abs. 2 ZPO) und die Gewährung vorläufigen gerichtlichen Rechtsschutzes erfordern.

Da im verwaltungsgerichtlichen Eilrechtsschutzverfahren eine Beweisaufnahme grundsätzlich schon aus Gründen der zeitlichen Dringlichkeit ausscheidet (*vgl. oben 6.4*), genügt regelmäßig die **Glaubhaftmachung** der entsprechenden Tatsachen (§ 123 Abs. 3 VwGO i. V. m. § 920 Abs. 2 ZPO). Einer vollständigen Beweisführung bedarf es nicht. Es genügt eine »überwiegende Wahrscheinlichkeit« für die Richtigkeit des Tatsachenvortrags.[104] § 294 ZPO lässt zwar sämtliche Beweismittel (*vgl. dazu oben 5.5*) zu. Da die Glaubhaft-

101 Vgl. BayVGH, BayVBl. 1988, 17.
102 ThürOVG, Beschl. v. 16.8.1995 – 3 EO 119/93.
103 Vgl. detailliert Kopp/Schenke, § 123 RdNr. 22.
104 BVerwfGE 38, 35.

machung zeitgleich mit der Stellung des Eilantrags erfolgt, kommt praktisch aber nur die Vorlage von **Urkunden** und **eidesstattlichen Versicherungen** in Betracht.

Die Entscheidung darf grundsätzlich die **Hauptsache nicht vorwegnehmen.** Beispielsweise darf einem relegierten Schüler die Teilnahme am Unterricht nur vorläufig gestattet werden. Vom Verbot der Vorwegnahme der Hauptsache gelten jedoch **Ausnahmen,** wenn eine bestimmte Regelung zur Gewährung effektiven vorläufigen Rechtsschutzes unabdingbar ist, z. B. weil die sonst zu erwartenden Nachteile für den Antragsteller unzumutbar wären, und ein hoher Grad an Wahrscheinlichkeit für einen Erfolg in der Hauptsache spricht.[105]

Muster: Antrag auf Erlass einer einstweiligen Anordnung

Verwaltungsgericht **Rechtsantragsstelle**	den,
Gegenwärtig:	als Urkundsbeamt(in)/er der Geschäftsstelle
Es erscheint:	
und erklärt:	
In der Verwaltungsstreitsache der/des	
gegen	– Antragsteller/in –
	– Antragsgegner/in –
wegen	
stelle ich folgenden	Antrag, im Wege der einstweiligen Anordnung nach § 123 VwGO
Begründung:	
Gelesen, genehmigt und unterschrieben:	
Geschlossen:	

Die Entscheidung ergeht – grundsätzlich als **Beschluss** (*vgl. unten 7.4.3*) – entweder in der Form der **Sicherungsanordnung** (§ 123 Abs. 1 Satz 1 VwGO) oder der **Regelungsanordnung** (§ 123 Abs. 1 Satz 2 VwGO). Die Unterschei-

105 BVerfGE 34, 160, 162; BVerwGE 50, 124, 133; 63, 110; vgl. auch Kopp/Schenke, § 123 RdNr. 113 ff.

dung hat keinen hohen praktischen Stellenwert.[106] Das Gericht bestimmt **nach freiem Ermessen**, welche Anordnungen erforderlich sind, um den Zweck zu erreichen (§ 123 Abs. 3 VwGO i. V. m. § 938 Abs. 1 ZPO).

106 Vgl. OVG Münster, DVBl. 1973, 646; OVG Koblenz, NJW 1978, 2355.

7 Die Entscheidungen

7.1 Die Entscheidungsformen

Das Gericht ist gehalten, in jeder Lage des Verfahrens auf eine **gütliche Lösung** des Rechtsstreits hinzuwirken. Eine Einigung der Beteiligten liegt im allseitigen Interesse und erspart unter Umständen erhebliche **Kosten.**[107] Dies kann auch oder gerade dann der Fall sein, wenn die Beteiligten im Rahmen des Zumutbaren von ihren ursprünglichen Positionen abrücken. Das Gericht wird normalerweise nicht bestrebt sein, einen Verwaltungsrechtsstreit einseitig zu entscheiden. Vielmehr wird es alle Bemühungen der Beteiligten, auch zur außergerichtlichen Streitschlichtung (*vgl. dazu unten 10*) unterstützen (zum **Vergleich** *vgl. unten 7.5*) oder – in geeigneten Fällen – zur **Rücknahme** aussichtsloser Klagen und Anträge raten (*vgl. dazu unten 7.4.4*).

Über eine Klage wird grundsätzlich durch Urteil entschieden (§ 107 VwGO; *vgl. unten 7.2*), ausnahmsweise – unter den Voraussetzungen des § 84 VwGO – auch durch **Gerichtsbescheid** (*vgl. unten 7.3*). Im Übrigen entscheiden die Verwaltungsgerichte durch **Beschluss** (*vgl. unten 7.4*).

Eine Sonderform der Streitbeendigung stellt der **Vergleich** dar (*vgl. unten 7.5*).

Nebenentscheidungen sind entweder von Amts wegen oder auf Antrag Beteiligter (im Urteil oder durch gesonderten Beschluss) zu treffen über

- **Kosten** einschließlich **Prozesskostenhilfe** (*vgl. unten 7.6*),
- die **vorläufige Vollstreckbarkeit** (*vgl. unten 7.7*),
- den **Streitwert** (*vgl. unten 7.8*),
- die **Zuziehung Bevollmächtigter** (*vgl. unten 7.9*).

7.2 Das Urteil

Urteile unterliegen den gesetzlichen Anforderungen der §§ 107 ff. VwGO.

7.2.1 Das entscheidende Gericht

Ein Urteil kann nur von den Richtern und ehrenamtlichen Richtern gefällt werden, die an der Verhandlung teilgenommen haben, die dem Urteil zugrunde liegt.

Das (**unabhängige**, *vgl. oben 2.1*) Gericht entscheidet nach seiner **freien Überzeugung**, die es aus dem **Gesamtergebnis des Verfahrens** gewonnen hat (§ 108 Abs. 1 Satz 1 VwGO). Nach Schließung der mündlichen Verhandlung (*vgl. oben 5.6.7*) oder bei Verfahren ohne mündliche Verhandlung (*vgl. oben 5.6* und zum Gerichtsbescheid *unten 7.3*) zieht sich das Gericht zur Beratung zurück. Die §§ 192 bis 198 GVG regeln Einzelheiten der **Beratung** und **Abstimmung**.

---

107 Zu den unterschiedlichen Gebühren etwa für Endurteile einerseits und Einstellungsbeschlüsse andererseits vgl. Kostenverzeichnis zum GKG Nr. 5110 ff.

7.2.2 Die Urteilsarten

Grundsätzlich wird über die Zulässigkeit und Begründetheit einer Klage einheitlich durch sog. Endurteil entschieden. Über die **Zulässigkeit der Klage** kann durch **Zwischenurteil** vorab entschieden werden (§ 109 VwGO). Ist nur ein Teil des Streitgegenstandes zur Entscheidung reif, so kann das Gericht ein **Teilurteil** erlassen (§ 110 VwGO). In Frage kommen auch **Vorbehalts-**[108]**, Verzichts-**[109] und **Anerkenntnisurteile**[110]. **Versäumnisurteile** sind dem Verwaltungsprozess fremd (*vgl. oben 5.6.2*). Ist bei einer Leistungsklage ein Anspruch nach Grund und Betrag streitig, so kann das Gericht durch **Zwischenurteil** über den Grund vorab entscheiden (§ 111 VwGO).

7.2.3 Der Urteilsinhalt

§ 117 VwGO schreibt den Aufbau und den Inhalt eines verwaltungsgerichtlichen Urteils vor:

- Das Urteil ergeht »**Im Namen des Volkes**« (§ 117 Abs. 1 Satz 1 VwGO).
- Das **Aktenzeichen** ist anzugeben.
- Das Urteil ist **schriftlich abzufassen** (§ 117 Abs. 1 Satz 2 VwGO).
- Das Urteil enthält ein sog. **Rubrum** (Entscheidungseingang). Aus ihm sind die **Bezeichnung der Beteiligten** (*vgl. oben 3. und 4.1*), ihrer **gesetzlichen Vertreter** (*vgl. oben 4.2*) und der **Bevollmächtigten** (*vgl. oben 4.3*) nach Name, Beruf, Wohnort und ihrer Stellung im Verfahren ersichtlich (§ 117 Abs. 2 Nr. 1 VwGO).
- Aus dem Urteil ergeben sich ferner die **Bezeichnung des Gerichts** und die **Namen der Mitglieder**, die bei der Entscheidung mitgewirkt haben (§§ 117 Abs. 2 Nr. 2, 112 VwGO).
- Das Urteil enthält den sog. **Tenor** (auch: Entscheidungssatz, Urteilsformel, § 117 Abs. 2 Nr. 3 VwGO), der normalerweise aus einer **Sachentscheidung**, einer **Kostenentscheidung** (§§ 154 ff. VwGO; *vgl. unten 7.6*), der Entscheidung über die **vorläufige Vollstreckbarkeit** (§ 167 VwGO; *vgl. unten 7.7*) und ggf. anderen **Nebenentscheidungen** (z. B. über die Notwendigkeit der **Zuziehung eines Bevollmächtigten**, *vgl. unten 7.9*) besteht. Im Urteilstenor wird nicht über den **Streitwert** entschieden; diese Entscheidung ist einem eigenständigen Beschluss vorbehalten, der aber an das Urteil angefügt werden kann (§ 63 Abs. 2 Satz 1 GKG; *vgl. dazu unten 7.8*).
- Das Urteil enthält im **Tatbestand** eine gedrängte Darstellung des wesentlichen Sach- und Streitstandes unter Hervorhebung der gestellten **Anträge**. Wegen der Einzelheiten soll auf Schriftsätze, Protokolle und andere Unterlagen **verwiesen** werden, soweit sich aus ihnen der Sach- und Streitstand ausreichend ergibt (§ 117 Abs. 2 Nr. 4, Abs. 3 VwGO).

---

108 § 173 VwGO i. V. m. § 302 ZPO, insbesondere bezüglich einer Aufrechnung des Prozessgegners.

109 § 173 VwGO i. V. m. § 306 ZPO.

110 § 173 VwGO i. V. m § 307 i. V. m. § 307 ZPO.

- In dem Urteil sind die **Entscheidungsgründe** anzugeben, die für die richterliche Überzeugung maßgebend waren (§ 117 Abs. 2 Nr. 5, § 108 Abs. 1 Satz 2 VwGO). Das Gericht kann auf die Begründung eines Verwaltungsakts oder Widerspruchsbescheids **Bezug nehmen** (§ 117 Abs. 5 VwGO). Es entscheidet nach seiner **freien**, aus dem Gesamtergebnis des Verfahrens gewonnenen **Überzeugung** (§ 108 Abs. 1 Satz 1 VwGO). Das Urteil darf jedoch nur auf Tatsachen und Beweisergebnisse (*vgl. dazu oben 5.5*) gestützt werden, zu denen die Beteiligten (*vgl. oben 3*) sich äußern konnten (§ 108 Abs. 2 VwGO).
- § 117 Abs. 2 Nr. 6 VwGO schreibt vor, dass das Urteil mit einer **Rechtsmittelbelehrung** zu versehen ist. Eine unzutreffende Rechtsmittelbelehrung eröffnet nicht das fälschlicherweise vom Gericht angegebene Rechtsmittel.[111]
- Die **(Berufs-)Richter** die bei der Entscheidung mitgewirkt haben (§ 112 VwGO), müssen es **unterzeichnen**; Verhinderungsgründe müssen angegeben werden (§ 117 Abs. 1 Sätze 2 und 3 VwGO). Die ehrenamtlichen Richter unterschreiben nicht (§ 117 Abs. 1 Satz 4 VwGO).

Muster: Verwaltungsgerichtliches Urteil mit Streitwertbeschluss

2 K 1459/09.Ki

Aktenzeichen

VERWALTUNGSGERICHT KIRCHHEIM

URTEIL

IM NAMEN DES VOLKES

In dem Verwaltungsrechtsstreit

des Herrn Holger Gehrmann,
Puschkinstraße 41, 12234 Kirchheim,

– Kläger –

Bevollmächtigte:
Rechtsanwälte Redlich und Prell,
Blumenstraße 7, 12234 Kirchheim,

gegen

Die Stadt Kirchheim,
vertreten durch den Oberbürgermeister – Rechtsamt –,
Markt 1, 12234 Kirchhiem,

– Beklagte –

111 ThürOVG, Beschl. v. 20. April 1995 – 3 EO 5/95 m. w. N.

beteiligt:

Der Vertreter des öffentlichen Interesses beim Oberverwaltungsgericht Kirchheim, Domplatz 2, 12234 Kirchheim,

wegen:

Gebührenrechts

hat die 2. Kammer des Verwaltungsgerichts Kirchheim durch

den Vorsitzenden Richter am Verwaltungsgericht Hammer,
die Richterin am Verwaltungsgericht Zange,
den Richter Dübel sowie
die ehrenamtlichen Richter Norbert Nagel und Katharina Keil

aufgrund der mündlichen Verhandlung vom 5. Oktober 2011

für Recht erkannt:

1. Die Klage wird abgewiesen.
2. Die Kosten des Verfahrens trägt der Kläger.
3. Das Urteil ist hinsichtlich der Kosten vorläufig vollstreckbar. Der Kläger darf die Vollstreckung durch Sicherheitsleistung oder Hinterlegung in festzusetzender Höhe abwenden, wenn nicht die Beklagte vorher Sicherheit in gleicher Höhe leistet.

Tatbestand:

...

Entscheidungsgründe:

...

Rechtsmittelbelehrung:

Gegen dieses Urteil steht den Beteiligten die **Berufung** an das Oberverwaltungsgericht zu, wenn sie von diesem zugelassen wird.

Die **Zulassung der Berufung** kann innerhalb **eines Monates** nach Zustellung des Urteils beantragt werden. Der Antrag ist bei dem **Verwaltungsgericht Kirchheim**, Maria-Hilf-Platz 2, 12234 Kirchheim zu stellen. Der Zulassungsantrag ist innerhalb zweier Monate nach Zustellung des Urteils zu **begründen**. Die Begründung ist – wenn sie nicht bereits mit dem Zulassungsantrag erfolgt – beim Oberverwaltungsgericht Kirchheim, Domplatz 2, 12234 Kirchheim, einzureichen.

Hinweis: Für das Berufungsverfahren besteht **Vertretungszwang** nach Maßgabe des § 67 Abs. 2 und 4 VwGO; dies gilt auch für den Antrag auf Zulassung der Berufung.

Hammer	Zange	Richter Dübel ist an der Beifügung seiner Unterschrift gehindert, weil er an eine andere Behörde abgeordnet wurde. Hammer

Beschluss:

Der Wert des Streitgegenstandes wird auf 1.324,42 Euro festgesetzt (§ 52 GKG).

Rechtsmittelbelehrung:

Gegen die Streitwertfestsetzung steht den Beteiligten und den sonst von der Entscheidung Betroffenen die **Beschwerde** an das Oberverwaltungsgericht Kirchheim zu.

Die Beschwerde ist bei dem **Verwaltungsgericht Kirchheim**, Maria-Hilf-Platz 2, 12234 Kirchheim, einzulegen.

Die Beschwerde ist nur zulässig, wenn sie innerhalb von **sechs Monaten** eingelegt wird, nachdem die Entscheidung in der Hauptsache Rechtskraft erlangt oder das Verfahren sich anderweitig erledigt hat.

Hammer Zange Richter Dübel ist an der Beifügung seiner Unterschrift gehindert, weil er an eine andere Behörde abgeordnet wurde.
Hammer

Ausgefertigt:

Kirchheim, am ______________

als Urkundsbeamter der Geschäftsstelle

7.2.4 Die Urteilsbekanntgabe

Das Urteil wird normalerweise durch **Verkündung**, d. h. Verlesung der Urteilsformel, bekannt gegeben. Die Verkündung kann am Ende der Sitzung oder in einem besonderen Verkündungstermin geschehen (§ 116 Abs. 1 VwGO). Ist das Urteil im Zeitpunkt der Verkündung noch nicht vollständig abgefasst (sog. **Tenorentscheidung**), so ist der Tenor binnen zwei Wochen der Geschäftsstelle zu übergeben (§ 117 Abs. 4 VwGO). Tatbestand, Entscheidungsgründe und Rechtsmittelbelehrung sind »alsbald nachträglich« niederzulegen.[112] Rechtsmittelfristen beginnen erst mit der vorgeschriebenen Bekanntgabe des gesamten Urteils zu laufen.[113]

Anstelle der Verkündung ist die **Zustellung** des Urteils zulässig (§ 116 Abs. 2 VwGO). Das Urteil wird immer zugestellt, wenn das Gericht ohne mündliche Verhandlung entschieden hat (§ 116 Abs. 3 VwGO). Gleiches gilt für andere gerichtliche Entscheidungen, die ohne mündliche Verhandlung ergangen sind. Die Zustellung richtet sich nach den Vorschriften der ZPO (§ 56 Abs. 2 VwGO). Behörden wird regelmäßig gegen **Empfangsbekenntnis** zugestellt.

---

112 »Peilmarke« sind bis zu 5 Monate, vgl. Kopp/Schenke, § 117 RdNr. 21; ebenso BVerwG, Beschl. v. 8.6.2001 – 8 B 17.01.

113 VGH Mannheim, NVwZ 1986, 488.

Die Beteiligten erhalten je eine **Ausfertigung** des Urteils.[114]

Mit der Zustellung des vollständigen Urteils beginnen **Rechtsmittelfristen** zu laufen (*vgl. unten 8.2 und oben 4.6*).

☞ Das Urteil sollte den behördenintern betroffenen oder interessierten Organisationseinheiten zur Kenntnis gebracht werden, etwa um

- zu prüfen, ob ein **Rechtsmittel** eingelegt werden soll und ggf. welche Erfolgsaussichten bestehen,
- den **Lauf der Rechtsmittelfrist zu überwachen** (Fristenkalender – vgl. *dazu auch unten 7.2.6*),
- **Vollstreckungsmaßnahmen** (*vgl. unten 9.4*) zu vermeiden oder vorzubereiten,
- künftiges Verwaltungshandeln an der Entscheidung auszurichten,
- Aufsichtsbehörden oder andere Stellen zu informieren.

Muster: Begleitschreiben

Verwaltungsgericht Kirchheim

* Verwaltungsgericht Kirchheim * Postfach 84 42 * 12234 Kirchheim *

Stadt Kirchheim
Markt 1
12234 Kirchheim

Unser Zeichen (Bitte stets angeben)	Ihr Zeichen, Ihre Nachricht vom	Durchwahl	Kirchheim
2 K 1459/09.Ki	2334-5667/2	123	18.10.2011

Verwaltungsstreitsache
Holger Gehrmann
gegen
Stadt Kirchheim

Sehr geehrte Damen und Herren,

die anliegenden Ausfertigungen der Sitzungsniederschrift sowie des Urteils

vom 5. Oktober 2011

erhalten Sie zur gefälligen Kenntnisnahme.

Mit freundlichen Grüßen
auf Anordnung:

Justizangestellte

114 Zur Bedeutung für die Vollstreckung vgl. auch § 168 Abs. 2 VwGO.

7.2.5 Die Urteilsberichtigung

Zum Zweck der Berichtigung von Fehlern kann das Gericht von den Beteiligten Ausfertigungen und Abdrucke des Urteils zurückfordern. Schreibfehler, Rechenfehler und ähnliche offenbare Unrichtigkeiten im Urteil sind jederzeit vom Gericht zu berichtigen (§ 118 Abs. 1 VwGO).[115]

Beispiel:

»In dem Urteil des Verwaltungsgerichts M vom 26. Februar 2010 wird die Bezeichnung des Bevollmächtigten zu 2. bis 4. als Rechtsanwalt wegen offensichtlicher Unrichtigkeit gemäß § 118 Abs. 1 VwGO gestrichen.«

Die Berichtigung des **Tatbestandes** kann binnen zwei Wochen nach Zustellung des Urteils beantragt werden (§ 119 Abs. 1 VwGO). § 119 Abs. 2 VwGO regelt das Berichtigungsverfahren.

Das Urteil kann nach Maßgabe von § 120 VwGO **ergänzt** werden (*vgl. aber unten 7.9*).

7.2.6 Die Rechtskraft

Formelle Rechtskraft bedeutet, dass das Urteil nicht mehr mit Rechtsmitteln (*vgl. dazu unten 8.3*) angegriffen werden kann. § 121 VwGO trifft Bestimmungen über die **materielle** Rechtskraft von Urteilen. Sie sind bindend

- in **objektiver** Hinsicht: soweit über den Streitgegenstand entschieden worden ist,
- in **subjektiver** Hinsicht: zwischen den **Beteiligten** (*vgl. oben 3*) und ihren Rechtsnachfolgern.

Legt die Behörde selbst kein Rechtsmittel ein, empfiehlt sich nach Ablauf der jeweiligen Rechtsmittelfrist eine Rechtskraftanfrage bei Gericht. Hierfür können standardisierte Formblätter benutzt werden, insbesondere wenn derartige Anfragen häufig zu stellen sind. Ist die Entscheidung rechtskräftig, sind die Organisationseinheiten zu informieren, für die eine solche Mitteilung bedeutsam ist, z. B. weil sie verfahrensgegenständliche Bescheide zu vollziehen oder Kosten geltend zu machen haben.[116]

115 Eine fehlerhafte Rechtsmittelbelehrung kann grundsätzlich nicht gemäß § 118 VwGO berichtigt werden, ThürOVG, Beschl. v. 14. Juli 1995 – 1 EO 127/95 und 1 EO 168/95.

116 Z. B. muss die Widerspruchsbehörde erfahren, wann der angegriffene Widerspruchsbescheid bestandskräftig geworden ist, damit sie die Kosten des Widerspruchsverfahrens geltend machen kann.

Muster: Rechtskraftanfrage/-mitteilung

STADT KIRCHHEIM
Oberbürgermeister
– Rechtsamt –

Verwaltungsgericht Kirchheim
Maria-Hilf-Platz 2
12234 Kirchheim

Ihr Zeichen/Ihre Nachricht vom	Unser Zeichen	Durchwahl	Kirchheim
2 K 1459/09.Ki	1447-03/27a Ro	-456	11.11.11

Verwaltungsstreitsache
Holger Gehrmann
gegen
Stadt Kirchheim
wegen
Gebührenrechts

Anlage
1 Formblatt »Rechtskraftmitteilung« g. R.

Ich bitte um Mitteilung, ob die Entscheidung des VG Kirchheim vom 5.10.2011 rechtskräftig geworden ist.

Im Auftrag

Schneider
Verwaltungsangestellte

Bitte zurück an:

Stadtverwaltung Kirchheim
– Rechtsamt –
Markt 1
12234 Kirchheim

Az. 2 K 1459/09.Ki

Rechtskraft ist eingetreten am ____________________
Beschwerde wurde eingelegt am ____________________
Zulassung der Berufung wurde beantragt am ____________________
Zulassung der Beschwerde wurde beantragt am ____________________

____

Unterschrift
Justizangestellte/r

7.3 Der Gerichtsbescheid

Eine urteilsähnliche Entscheidung ist der Gerichtsbescheid (§ 84 VwGO). Seine praktische Bedeutung ist nicht sonderlich hoch, da Beteiligte nach seinem Erlass mündliche Verhandlung beantragen können. Für das Gericht ist mit einer mündlichen Verhandlung, die auf einen Gerichtsbescheid hin stattfinden muss, aber keine Entlastung verbunden.

Muster: Gerichtsbescheidsanfrage

Verwaltungsgericht

Verfügung: Gerichtsbescheidsanfrage

Az.: _____ K _____/______

1. Gerichtsbescheidsanfrage gemäß § 84 Abs. 1 VwGO an

☐ **Kläger(in)-Bevollmächtigte(n)**

☐ Gerichtsbescheidsanfrage
Das Gericht erwägt, über die Klage gemäß § 84 VwGO durch Gerichtsbescheid zu entscheiden. Nach dieser Vorschrift kann <u>ohne mündliche Verhandlung</u> und ohne Mitwirkung der ehrenamtlichen Richter entschieden werden, wenn die Sache keine besonderen Schwierigkeiten tatsächlicher oder rechtlicher Art aufweist und der Sachverhalt geklärt ist. Der Gerichtsbescheid hat die Wirkung eines Urteils.
Ihnen wird Gelegenheit gegeben, sich zur Frage einer Entscheidung über die Klage im Wege des Gerichtsbescheides bis zum ______201__ zu äußern.

☐ Zusatz für Kläger:
Bis zum genannten Zeitpunkt besteht noch die Möglichkeit, zur Vermeidung von Gerichtsgebühren (Nr. 2110 der Anlage 1 zum GKG) die Klage zurückzunehmen.

☐ weitere Zusätze (siehe Anlage)

☐ **anliegende Auskunftsliste betreffend ____________ z. K.**

☐ **Beklagte(n)-Bevollmächtigte(n)** **ZU – EB –**

☐ **Beigeladene(n)-Bevollmächtigte(n)** **ZU – EB –**

☐ **VÖI** **ZU – EB –**

☐ siehe oben

☐ weitere Zusätze (siehe Anlage)

2. ggf. Auskunftsliste zur GA

3. Herrn/Frau Vorsitzende(n)/Berichterstatter(in)/Einzelrichter(in)

4. Wiedervorlage__________201____

__________201____

Der/Die Vorsitzende/Berichterstatter(in)/Einzelrichter(in)

Das Gericht kann in Abweichung von § 101 Abs. 1 VwGO (*vgl. oben 5.6*) **ohne mündliche Verhandlung** durch Gerichtsbescheid entscheiden, wenn (§ 84 Abs. 1 Sätze 1 und 2 VwGO)

- die Sache **keine besonderen Schwierigkeiten** tatsächlicher oder rechtlicher Art aufweist,
- der **Sachverhalt geklärt** ist,
- die **Beteiligten** (*vgl. oben 3*) vorher **gehört** wurden.

Der Gerichtsbescheid wirkt als Urteil (§ 84 Abs. 3 VwGO). Die Vorschriften über Urteile gelten entsprechend (§ 84 Abs. 1 Satz 3 VwGO).

§ 84 Abs. 2 VwGO regelt die gegen Gerichtsbescheide statthaften **Rechtsmittel** (*vgl. dazu auch unten 8.3 und 8.6*). Wird rechtzeitig mündliche Verhandlung beantragt, gilt der Gerichtsbescheid als nicht ergangen (§ 84 Abs. 3 VwGO).

In dem Urteil, das auf die anzuberaumende **mündliche Verhandlung** (*vgl. oben 5.6*) ergeht, kann das Gericht von einer weiteren Darstellung des **Tatbestandes** und der **Entscheidungsgründe** (*vgl. dazu oben 7.2.3*) absehen, soweit es der Begründung des Gerichtsbescheides folgt und dies in seiner Entscheidung feststellt (§ 84 Abs. 4 VwGO).

Muster: Gerichtsbescheid

3 K 1460/10.Ki

Aktenzeichen

VERWALTUNGSGERICHT KIRCHHEIM

GERICHTSBESCHEID

IM NAMEN DES VOLKES

In dem Verwaltungsrechtsstreit

1. des Herrn Karl Klapper,
2. der Frau Maria Mager,

beide wohnhaft Hungerstraße 13, 12234 Kirchheim,

– Kläger –

Bevollmächtigte:
Rechtsanwältin Dr. Walburga Nahrhaft,
Fettstraße 7, 12234 Kirchheim,

gegen

die Stadt Kirchheim,
vertreten durch den Oberbürgermeister – Jugendamt –,
Markt 1, 12234 Kirchheim,

– Beklagte –

wegen:

Jugendhilferechts

hat die 3. Kammer des Verwaltungsgerichts Kirchheim durch den Vizepräsidenten des Verwaltungsgerichts Dr. Mittag als Einzelrichter

am **27. September 2011** für Recht erkannt:

1. Die Beklagte wird verurteilt, der Klägerin zu 2. 250,– Euro zu zahlen. Im Übrigen wird die Klage abgewiesen.
2. Von den Kosten des Verfahrens trägt die Beklagte 1/4, die Kläger tragen 3/4 als Gesamtschuldner. Gerichtskosten werden nicht erhoben.
3. Das Urteil ist hinsichtlich der Kosten vorläufig vollstreckbar. Der jeweilige Kostenschuldner darf die Vollstreckung durch Sicherheitsleistung oder Hinterlegung in festzusetzender Höhe abwenden, wenn nicht der Kostengläubiger vorher Sicherheit in gleicher Höhe leistet.

Tatbestand:

...

Entscheidungsgründe:

...

Rechtsmittelbelehrung:

Gegen diesen Gerichtsbescheid steht den Beteiligten die **Berufung** an das Oberverwaltungsgericht Kirchheim zu, wenn sie von diesem zugelassen wird.

Die **Zulassung der Berufung** kann **innerhalb eines Monats** nach Zustellung des Urteils beantragt werden. Der Antrag ist bei dem **Verwaltungsgericht Kirchheim**, Maria-Hilf-Platz 2, 12234 Kirchheim, zu stellen.

Hinweise: Für das Berufungsverfahren besteht **Vertretungszwang** nach Maßgabe des § 67 Abs. 1 VwGO; dies gilt auch für den Antrag auf Zulassung der Berufung.

Statt der Zulassung der Berufung können die Beteiligten binnen **eines Monats** nach Zustellung des Gerichtsbescheids bei dem Verwaltungsgericht Kirchheim **mündliche Verhandlung** beantragen.*

Dr. Mittag

Ausgefertigt:

Kirchheim, am ______________

als Urkundsbeamter der Geschäftsstelle

* Eine Streitwertfestsetzung kann im vorliegenden Beispiel wegen Gerichtskostenfreiheit des Verfahrens entfallen, *vgl. 7.8.*

7.4 Der Beschluss

Beschlüsse sind die häufigsten verwaltungsgerichtlichen Entscheidungen. An ihre Form und an ihren Inhalt richtet das Gesetz geringere Anforderungen als an Urteile, auch wenn einzelne Vorschriften über Urteile gelten (§ 122 VwGO)[117]. Beschlüsse sind insbesondere **schriftlich abzufassen**, zu **unterschreiben** (*vgl. dazu oben 7.2.3*) und zu **begründen**, wenn sie durch Rechtsmittel angefochten werden können (§ 122 Abs. 2 VwGO; *vgl. unten 8.4*).

Soweit Beschlüsse nicht über verwaltungsgerichtliche **Eilanträge** (§§ 80 Abs. 5, 123 VwGO, *vgl. unten 7.4.2 und 7.4.3*) entscheiden, sind sie wesentliche Mittel der **Prozessleitung** (z. B. **Verweisungsbeschlüsse**, *vgl. oben 2.2 und 2.3*, **Beweisbeschlüsse**, *vgl. oben 5.4 und 5.5*, *Beschlüsse zur* ***Aussetzung des Verfahrens*** [*vgl. oben 5.4.4*] oder zur Anordnung des **Ruhens des Verfahrens** [*vgl. oben 5.4.5*] oder sog. »Hängebeschlüsse«, *vgl. unten 7.4.1*) und – in einigen Fällen – auch der **Verfahrensbeendigung** (*vgl. unten 7.4.4*).

Muster: Beschluss

7 E 2560/11.Ki

Aktenzeichen

VERWALTUNGSGERICHT KIRCHHEIM

BESCHLUSS

In dem Verwaltungsrechtsstreit

des Herrn Holger Gehrmann,
Puschkinstraße 41, 12234 Kirchheim,

– Antragsteller –

Bevollmächtigte:
Rechtsanwälte Redlich und Prell,
Blumenstraße 7, 12234 Kirchheim,

gegen

die Stadt Kirchheim,
vertreten durch den Oberbürgermeister – Rechtsamt –,
Markt 1, 12234 Kirchheim,

– Antragsgegnerin –

wegen:

Beamtenrechts
(hier: Antrags nach § 123 VwGO)

117 Zu den (detaillierten) Einzelheiten vgl. Kopp/Schenke, § 122 RdNr. 3 ff.

hat die 7. Kammer des Verwaltungsgerichts Kirchheim durch

die Vorsitzende Richterin am Verwaltungsgericht Amboss,
den Richter am Verwaltungsgericht Meißel,
und den Richter am Verwaltungsgericht Klotz

am 4. November 2011

beschlossen:

1. Der Antrag auf Erlass einer einstweiligen Anordnung wird abgelehnt.
2. Die Kosten des Verfahrens trägt der Antragsteller.
3. Der Streitwert wird auf 7.222,42 EUR festgesetzt.

Gründe:

...

Rechtsmittelbelehrung:

[s. Anlage]

Amboss Meißel Klotz

Rechtsmittelbelehrung

Gegen diesen Beschluss steht den Beteiligten und den sonst von der Entscheidung Betroffenen die **Beschwerde** an das Oberverwaltungsgericht Kirchheim zu.

Die Beschwerde ist bei dem **Verwaltungsgericht Kirchheim** innerhalb von **zwei Wochen** nach Zustellung des Beschlusses einzulegen.

Die Beschwerde ist innerhalb **eines Monats** nach Zustellung des Beschlusses zu **begründen.**

Die Begründung ist – wenn sie nicht bereits mit der Beschwerdeeinlegung erfolgt – beim Oberverwaltungsgericht Kirchheim, Domplatz 2, 12234 Kirchheim, einzureichen.

Hinweis: Für das Beschwerdeverfahren – mit Ausnahme der PKH-Entscheidung – besteht **Vertretungszwang** nach Maßgabe des § 67 Abs. 2 und 4 VwGO

Amboss Meißel Klotz

7.4.1 Der »Hängebeschluss«

Sog. Hängebeschlüsse sind vor allem in verwaltungsgerichtlichen Eilverfahren von Bedeutung. Ruft ein Beteiligter das Verwaltungsgericht an, so bittet der Vorsitzende regelmäßig den Antragsgegner, bis zur Entscheidung des Gerichts von der **Schaffung vollendeter Tatsachen** abzusehen (z. B. den konkurrierenden Beamtenmitbewerber vorerst nicht zu ernennen). Die Behörden sind jedoch grundsätzlich nicht verpflichtet, einer solchen »Bitte« nachzukommen.[118] Das Gericht kann in solchen Fällen seinem Verlangen durch eine **vorläufige Zwischenregelung** Nachdruck verleihen.

Beispiel:

»Dem Antragsgegner wird bis zur endgültigen Entscheidung der Kammer über den Antrag auf Erlass einer einstweiligen Anordnung vorläufig untersagt, einen anderen Bewerber auf den Dienstposten des Leiters der Verfügungsgruppe bei der Polizeiinspektion E (Bes.Gr. A 11/12 BBesG) zu berufen.

Gründe:

Die vorläufige Sicherungsanordnung ergeht zur Vermeidung irreparabler Rechtsnachteile für den Antragsteller. Nach dem bisherigen Verfahrensstand ist nicht auszuschließen, dass dem Antragsteller der geltend gemachte Anordnungsanspruch zusteht. Im Falle einer Beendigung des beamtenrechtlichen Auswahlverfahrens besteht die Gefahr, dass die Verwirklichung von Rechten des Antragstellers vereitelt würde, wenn auf den zu besetzenden Dienstposten vor einer verwaltungsgerichtlichen Klärung ein anderer Bewerber berufen wird (§ 123 Abs. 1 Satz 1 VwGO).«

7.4.2 Der Beschluss im Verfahren nach §§ 80 Abs. 5, 80a VwGO

Widerspruch und Anfechtungsklage entfalten **aufschiebende Wirkung** (§ 80 Abs. 1 VwGO); ein Verwaltungsakt, gegen den Widerspruch bzw. Anfechtungsklage erhoben wurden, kann mithin nicht vollzogen werden.

In den Fällen des § 80 Abs. 2 VwGO kann die Ausgangs- oder die Widerspruchsbehörde die **Vollziehung aussetzen** (§ 80 Abs. 4 VwGO).

Auf **Antrag** kann das Gericht der Hauptsache die **aufschiebende Wirkung** (§ 80 Abs. 5 Satz 1 VwGO)

- ganz oder teilweise **anordnen**; gemeint sind Fälle, in denen die aufschiebende Wirkung trotz Widerspruchs oder Anfechtungsklage nicht eintritt (§ 80 Abs. 2 Nr. 1 bis 3 VwGO, z. B. haben Widerspruch und Klage gegen die Ablehnung eines Antrags auf Erteilung oder Verlängerung der Aufenthaltsgenehmigung eines Ausländers nach § 84 Abs. 1 AufenthG keine aufschiebende Wirkung);
- ganz oder teilweise **wiederherstellen**; gemeint sind Fälle, in denen die aufschiebende Wirkung aufgrund eines Widerspruchs bzw. einer Anfechtungsklage zwar eingetreten, infolge der Anordnung der sofortigen Vollziehung nach § 80 Abs. 2 Nr. 4, Abs. 3 VwGO aber wieder weggefallen ist.

Ist der Verwaltungsakt schon vollzogen, so kann das Gericht die **Aufhebung der Vollziehung** anordnen (§ 80 Abs. 5 Satz 3 VwGO).

Die Wiederherstellung der aufschiebenden Wirkung kann das Gericht von einer **Sicherheitsleistung** oder von anderen **Auflagen** abhängig machen. Sie kann auch **befristet** werden (§ 80 Abs. 5 Satz 4, 5 VwGO).

118 Allerdings setzen sie sich u. U. weitreichenden haftungsrechtlichen Konsequenzen aus, wenn sie ein solches Ersuchen des Gerichts ignorieren!

Zu weiteren Einzelheiten *vgl. oben 6.4.1.*

Die gerichtliche Entscheidung ergeht im **Beschluss**wege (vgl. § 80 Abs. 7 Satz 1 VwGO). Zur Entscheidung sind grundsätzlich die Berufsrichter des jeweils zuständigen Spruchkörpers bzw. der zuständige Einzelrichter berufen (*vgl. oben 2.4*), ausnahmsweise – in dringenden Fällen – auch der Vorsitzende (§ 80 Abs. 8 VwGO).

Beispiele:

»Die aufschiebende Wirkung der Klage des Antragstellers vom 20. Juli 2011 gegen die Ablehnung seines auf Erteilung einer Aufenthaltsgenehmigung gerichteten Antrags durch den Antragsgegner vom 15. Juli 2011 wird angeordnet.«

»Die aufschiebende Wirkung des Widerspruchs der Antragstellerin vom 21. April 2011 gegen die Verfügungen der Antragsgegnerin vom 12. April 2011 und vom 15. April 2011 wird wiederhergestellt.«

Zur Anfechtbarkeit des Beschlusses *vgl. unten 8.4.2.*

7.4.3 Der Beschluss im Verfahren nach § 123 VwGO

Entscheidungen im Verfahren auf Erlass einer **einstweiligen Anordnung** nach § 123 VwGO sind möglich, wenn nicht ein Fall vorliegt, der nach §§ 80, 80a VwGO zu behandeln ist (§ 123 Abs. 5 VwGO; *vgl. oben 6.4.2*). Solche Entscheidungen ergehen als **Beschlüsse** (§ 123 Abs. 4 VwGO). Zur Entscheidung sind grundsätzlich die Berufsrichter des jeweils zuständigen Spruchkörpers bzw. der zuständige Einzelrichter berufen (*vgl. oben 2.4*), ausnahmsweise – in dringenden Fällen – auch der Vorsitzende (§ 123 Abs. 2 Satz 3 i. V. m. 80 Abs. 8 VwGO).

Das Gericht kann **vorläufige Regelungen** treffen (**Sicherungsanordnung** bzw. **Regelungsanordnung**). Eine **Vorwegnahme der Hauptsache** ist nur ausnahmsweise zulässig[119] (*vgl. auch oben 6.4.2*).

Beispiele:

»Der Antragsgegner wird verpflichtet, dem Antragsteller vorläufig erneut die Teilnahme an der zweiten Wiederholungsprüfung im Fach Pharmakologie und Toxikologie zu gewähren.«

»Die Antragsgegnerin wird verpflichtet, den Antragstellern vorläufig bis zum 31. August 2011 Hilfe zum Lebensunterhalt in Geld und in gesetzlicher Höhe zu zahlen.«

Zur Anfechtbarkeit des Beschlusses *vgl. unten 8.4.2.*

7.4.4 Der Einstellungsbeschluss

Ein Verwaltungsstreitverfahren kann nach seiner Beendigung durch Beschluss eingestellt werden. Ein solcher Einstellungsbeschluss kommt infrage

- Nach (erklärter oder fiktiver) **Rücknahme der Klage** (§ 92 Abs. 3 VwGO). ☜
  In dem Einstellungsbeschluss spricht das Gericht die gesetzlichen Rechtsfolgen der Rücknahme aus. Der Beschluss ist unanfechtbar. Die Rücknahme der

119 Vgl. Kopp/Schenke, § 123 RdNr. 13 ff.

Klage ist bis zur Rechtskraft des Urteils möglich (§ 92 Abs. 1 Satz 1 VwGO). Wurden in der mündlichen Verhandlung bereits **Anträge gestellt** (*vgl. oben 5.6.4*), kann die Klage wirksam nur mit **Einwilligung des Beklagten** und, wenn ein **VöI** an der mündlichen Verhandlung teilgenommen hat, mit dessen Einwilligung zurückgenommen werden (§ 92 Abs. 1 Satz 2 VwGO).
Beispiele:
»Das Verfahren wird nach Rücknahme der Klage eingestellt (§ 92 Abs. 1 VwGO). Der Kläger hat die Kosten des Verfahrens zu tragen (§ 155 Abs. 2 VwGO).«
oder:
»Das Verfahren wird eingestellt, nachdem die Klage als zurückgenommen gilt (§ 92 Abs. 2 VwGO).
Die Kläger haben die Kosten des Verfahrens nach Kopfteilen zu tragen (§ 155 Abs. 2, 159 VwGO i. V. m. § 100 Abs. 1 ZPO).«

– Nach **Rücknahme eines Rechtsmittels** (§ 125 Abs. 1, § 92 Abs. 1 Satz 1 VwGO).
Beispiel:
»Das Verfahren wird eingestellt (§ 125 Abs. 1, § 92 Abs. 1 Satz 1 VwGO).
Das Urteil des Verwaltungsgerichts U vom 28. Mai 2009 – (Az. …) – ist wirkungslos (§ 173 VwGO i. V. m. § 269 Abs. 3 Satz 1 ZPO).
Der Kläger hat die Kosten des gesamten Verfahrens zu tragen (§ 155 Abs. 2 VwGO).«
– Nach **Erledigung der Hauptsache** (§ 161 Abs. 2 VwGO).
Beispiel:
Die Behörde des Beklagten nimmt im Verlaufe eines Erörterungstermins (vgl. oben 5.4.8 und 5.6.6) auf Empfehlung des Gerichts den angefochtenen Bescheid zurück. Die Hauptsache ist damit erledigt. Das Verfahren kann durch Beschluss eingestellt werden:
»Das Verfahren wird eingestellt.
Die Kosten werden dem Beklagten auferlegt (§ 161 Abs. 2 VwGO).«[120]
– Nach **Rücknahme eines Eilantrags** (in entsprechender Anwendung von § 92 VwGO).
Entsteht über die Wirksamkeit der Rücknahme einer Klage, eines Antrags oder eines Rechtsmittels Streit, so könnte die (klarstellende) Entscheidung lauten:
»Die Klage ist zurückgenommen.«

120 Die Entscheidung über die Kostentragung ist in den Fällen der übereinstimmenden Hauptsacheerledigung in das billige Ermessen des Gerichts gestellt, wobei der bisherige Sach- und Streitstand zu berücksichtigen ist. Nach ständiger Rechtsprechung der Verwaltungsgerichte ist maßgeblich darauf abzustellen, wer bei Fortsetzung des Verfahrens voraussichtlich unterlegen wäre. Der verlierende Teil trägt dann die Kostenlast; erheblich fällt ins Gewicht, welcher Beteiligte das erledigende Ereignis herbeigeführt hat (z. B. trägt die Behörde die Kosten, wenn sie einen angegriffenen Bescheid aufgehoben und so zu erkennen gegeben hat, dass das Klagebegehren berechtigt war). Ist der Ausgang des Rechtsstreits offen, so kommt eine Kostenentscheidung in Betracht, die jeden Beteiligten gleichmäßig belastet.

7.4.5 Der Kostenfestsetzungsbeschluss

Der **Urkundsbeamte des Gerichts** (*vgl. oben 3.9*) des ersten Rechtszugs setzt auf **Antrag** den Betrag der zu erstattenden Kosten fest (§ 164 VwGO).

Kosten sind (§ 162 Abs. 1 VwGO)

- die **Gerichtskosten** (Gebühren und Auslagen) und
- die zur zweckentsprechenden Rechtsverfolgung oder Rechtsverteidigung notwendigen **Aufwendungen** der Beteiligten einschließlich der Kosten des Vorverfahrens (zu Letzterem *vgl. unten 7.9*, zu den außergerichtlichen Kosten Beigeladener *vgl. unten 7.6*).

Juristische Personen des öffentlichen Rechts und **Behörden** können für die Prozessvertretung durch **eigene Bedienstete** mit der Befähigung zum Richteramt (§ 67 Abs. 2 Satz 1 VwGO; *vgl. oben 3.6*) keine Erstattung ihrer Aufwendungen in Höhe der einem Rechtsanwalt nach dem Rechtsanwaltsvergütungsgesetz (RVG) zustehenden Gebühren und Auslagen entsprechend § 162 Abs. 2 Satz 1 VwGO geltend machen.[121]

Festgesetzt werden:

- **Gerichtskosten**; Grundlage ist das Gerichtskostengesetz (GKG).
- **Anwaltskosten**; Grundlage ist das Rechtsanwaltsvergütungsgesetz (RVG).

121 BayVGH, NVwZ-RR 2001, 611.

Muster: Kostenfestsetzungsbeschluss

Ausfertigung

◄ Geschäftsnummer bitte stets angeben!

Datum

Kostenfestsetzungsbeschluss
in dem Verwaltungsstreitverfahren

Antragsteller

Bevollmächtigter

gegen

Antragsgegner

Bevollmächtigter:

Aufgrund

☐ rechtskräftigen ☐ gegen Sicherheitsleistung von EUR ☐ wegen der Kosten vorläufig vollstreckbaren ☐ vollstreckbaren ☐ Urteils

☐ Gerichtsbescheides ☐ Beschlusses ☐ Vergleichs ☐ Vorbescheides ☐ des Verwaltungsgerichts ☐ OVG ☐ Bundesverwaltungsgerichts

in | vom | ☐ § 11 RVG

sind von **dem Antragsteller** ☐ als Gesamtschuldner an Kosten

in Buchstaben EURO

nebst 5 % Zinsen über dem Basiszinssatz seit ☐

an **den Antragsgegner** zu erstatten

Die Berechnung ist ☐ beigefügt ☐ umseits ☐ bereits übersandt

Zugesetzt wurden ☐ EUR Gerichtskosten

Auf der Rückseite befindet/en sich die Begründung für ☐ Absetzung ☐ **Ausgleichung.**

☐ Dem/Der/Den | hat das Gericht gestattet, die Zwangsvollstreckung gegen eine Sicherheit von | EUR | abzuwenden

☐ wenn nicht der/die | vor der Zwangsvollstreckung eine Sicherheit in gleicher Höhe leistet.

Rechtsmittelbelehrung

Gegen diesen Beschluss kann binnen zwei Wochen nach Zustellung schriftlich oder zur Niederschrift der Urkundsbeamten der Geschäftstelle die Entscheidung des Verwaltungsgerichts beantragt werden (§§ 151, 165 der VwGO).

Dienstsiegel

Ausgefertigt:

Beglaubigt:

Justizangestellte
als Urkundsbeamtin der Geschäftsstelle

Zur **Erinnerung** gegen die Kostenfestsetzung *vgl. unten 8.7.*

7.5 Der Vergleich

Um einen Rechtsstreit (vollständig oder zum Teil) zu erledigen, sieht die VwGO die Möglichkeit des Vergleichs vor. Ein Vergleich ein **Kompromiss**, den die Beteiligten im Wege des **gegenseitigen Nachgebens**[122] abschließen. Er beendet das gerichtliche Verfahren unmittelbar.

Die Beteiligten können einen Vergleich **außergerichtlich** (zur **Mediation** *vgl. unten 10*) oder **vor Gericht** abschließen. Das Gericht kann einen Vergleich beispielsweise im Stadium der Vorbereitung der mündlichen Verhandlung (*vgl. oben 5.4.1*), in einem Erörterungstermin (*vgl. oben 5.4.8*) oder in der mündlichen Verhandlung (*vgl. oben 5.6*) entgegennehmen. Vor Gericht wird der Vergleich entweder **zur Niederschrift** erklärt (§ 106 Satz 1 VwGO) oder die Beteiligten nehmen einen in Beschlussform ergangenen **Vorschlag des Gerichts,** des Vorsitzenden oder des Berichterstatters schriftlich gegenüber dem Gericht an (§ 106 Satz 2 VwGO).

Inhalt des Vergleichs können nur Regelungen sein, über die die Beteiligten verfügen können (z. B. die Rücknahme eines Bescheids durch die zuständige Behörde oder die Rücknahme einer Klage durch den Kläger). Es versteht sich von selbst, dass der Vergleichsinhalt beispielsweise nicht gegen gesetzliche Verbote verstoßen darf.

Als **Prozesshandlung** und als materiellrechtlicher **Vertrag** hat ein gerichtlicher Vergleich eine Doppelnatur. Ein als Prozesshandlung (*vgl. dazu oben 4*) unwirksamer Vergleich kann als außergerichtlicher Vergleich gültig sein.[123]

Das Gericht ist regelmäßig bestrebt, das Verfahren innerhalb eines Termins vollständig zu Ende zu bringen. Andererseits sind Behördenvertreter nicht immer auch autorisiert, im Einzelfall möglicherweise weitreichende Folgen mit sofortiger Wirkung eintreten zu lassen. Verpflichtet sich die Behörde beispielsweise zur Kostentragung, so darf sie dadurch nicht gegen haushaltsrechtliche Vorschriften verstoßen. Unter Umständen sind auch noch Abstimmungen mit anderen Behörden, Zustimmungen kommunaler Gremien oder Genehmigungen von Aufsichtsbehörden erforderlich. Es wird daher empfohlen, in den Vergleichstext bei Bedarf einen **Widerrufsvorbehalt** aufzunehmen.[124]

Beispiele:

»Nach Erörterung der Sach- und Rechtslage schließen die Beteiligten folgenden

Vergleich:

1. *Die Beklagte nimmt ihren Bescheid vom 31. Mai 2011 zurück.*
2. *Der Kläger erklärt im Gegenzug seinen freiwilligen Austritt aus der Freiwilligen Feuerwehr Kahlhausen.*

122 Vgl. Kopp/Schenke, § 106 RdNr. 3 ff.; zu den Anforderungen an die Bestimmtheit eines Prozessvergleichs vgl. ThürOVG, Urt. v. 17.12.2008 – 1 KO 750/07.

123 BVerwG, NJW 1994, 2306.

124 Zur Rechtsnatur des Widerrufsvorbehalts (Bedingung, Rücktrittsvorbehalt) vgl. Kopp/Schenke, § 106 RdNr. 15a.

3. *Der Kläger nimmt seinen Widerspruch vom 2. November 2009 gegen den Bescheid der Beklagten vom 30. Oktober 2009 zurück.*
4. *Die Beklagte übernimmt sämtliche Kosten des Verfahrens mit Ausnahme der außergerichtlichen Kosten des Klägers, die dieser selbst trägt.*
5. *Die Beteiligten erklären übereinstimmend, dass eventuelle gegenseitige Ansprüche aus der Mitgliedschaft des Klägers in der Freiwilligen Feuerwehr Kahlhausen nicht bestehen und auch künftig nicht geltend gemacht werden.*
6. *Die Beteiligten verzichten gegenseitig darauf, dem Gericht weitere Schriftsätze und Urkunden vorzulegen.*
7. *Die Beteiligten behalten sich den Widerruf dieses Vergleichs bis zum 30. November 2011 vor.«*

oder:

»I. Das Gericht schlägt den Beteiligten den Abschluss des folgenden Vergleichs vor:

Vergleich:

1. *Die Antragstellerin nimmt ihren Widerspruch gegen die Verfügung des Antragsgegners vom 20. April 2011 zurück.*
2. *Der Antragsgegner setzt die Vollstreckung der Verfügung vom 20. April 2011 bis zum Abschluss der Bestandsaufnahme durch den Sachverständigen im Beweissicherungsverfahren vor dem Amtsgericht Saalfeld betreffend u. a. den bautechnischen Zustand des von der Verfügung des Antragsgegners betroffenen Stallgebäudes, längstens jedoch bis zum 1. November 2011, aus.*
3. *Die Antragstellerin verpflichtet sich, nach Abschluss der Bestandsaufnahme des Sachverständigen (s. o. Nr. 2) unverzüglich das Stallgebäude abzubrechen oder zusammenzuschieben.*
4. *Die Kosten des Verfahrens werden gegeneinander aufgehoben.*[125]
5. *Dieser Vergleich wird wirksam, wenn Antragstellerin und Antragsgegner die Annahme des Vergleichs schriftlich gegenüber dem Gericht erklärt haben (§ 106 VwGO).*

II. Die Beteiligten werden aufgefordert, schriftlich gegenüber dem Gericht bis zum 31. August 2011 zu erklären, ob sie den Vergleichsvorschlag des Gerichts annehmen.«

☞ Es empfiehlt sich außerdem, in dem gerichtlichen **Protokoll** (*vgl. unten 5.6.6*), das einem Vergleichsschluss zugrunde liegt, die Rechtsansichten festhalten zu lassen, die das Gericht veranlasst haben, die Beteiligten zum Vergleichsschluss zu bewegen. Eine gern gebrauchte Formulierung, um in einem Vergleich die Anerkennung streitiger Ansprüche zu vermeiden, kann etwa lauten: *»Die Antragsgegnerin gestattet dem Antragsteller, ihre Sporthalle im Zeitraum … **ohne Anerkennung einer Rechtspflicht** zu benutzen.«*

125 Eine Kostenregelung muss im Vergleich nicht notwendigerweise getroffen werden. § 160 VwGO sieht hierfür eine gesetzliche Regelung vor.

Um klarzustellen dass das gerichtliche Verfahren beendet ist, wenn eine ausdrückliche Klagerücknahme vermieden werden soll, kann z. B. formuliert werden: *»Die Klägerin verfolgt ihr Klagebegehren nicht weiter.«*

7.6 Die Kostenentscheidung

Die VwGO trifft für alle verwaltungsgerichtlichen Verfahren abschließende Kostenregelungen (§§ 154 ff. VwGO). Über die Kosten wird **von Amts wegen** entschieden, und zwar im Tenor sowohl von Urteilen als auch von verfahrensbeendenden Beschlüssen. Beteiligte brauchen daher beispielsweise nicht zu beantragen, *»die Klage **kostenpflichtig** abzuweisen.« (Vgl. dazu auch oben 5.3.4.)*

Kosten sind zum einen die durch das Verfahren verursachten Kosten (**Gerichtskosten**). Sie bestimmen sich nach dem GKG und dem Kostenverzeichnis zum GKG und werden in **Gebühren** und **Auslagen** eingeteilt (§ 1 Abs. 1 Satz 1 GKG). Die gerichtlichen Kosten werden auf der Grundlage des Streitwerts (*vgl. unten 7.8*) »angesetzt« (**Kostenansatz**, § 19 Abs. 1 GKG). Zum anderen gibt es die **außergerichtlichen Kosten**, die ein Beteiligter anderen Beteiligten zu erstatten hat. Diese Kosten werden auf der Basis des Streit- bzw. Gegenstandswerts (*vgl. unten 7.8*) »festgesetzt« (**Kostenfestsetzung**). Die Festsetzung der **Vergütungen** (**Gebühren** und **Auslagen**, § 1 RVG) für bevollmächtigte Rechtsanwälte richtet sich nach dem Rechtsanwaltsvergütungsgesetz.

7.6.1 Die Kostenanlässe

Folgende Kostenentscheidungen kommen in Betracht:

- **Gerichtskostenfreie** Verfahren der **Sozialhilfe** und des **Asylbewerberleistungsgesetzes**, der **Jugendhilfe**, der **Kriegsopferfürsorge**, der **Schwerbehindertenfürsorge** und der **Ausbildungsförderung** (§ 188 Satz 2 VwGO), **Asylverfahren** (§ 83b AsylVfG) sowie Verfahren über die **Erinnerung** und die **Kostenbeschwerde** (§ 66 Abs. 8 GKG) und über die **Streitwertbeschwerde** (§ 68 Abs. 3 GKG). Mögliche Entscheidungen können lauten:
  Beispiele:
  »Die Antragstellerin trägt die Kosten des Antragsverfahrens; Gerichtskosten werden nicht erhoben.«
  »Das Verfahren ist gebührenfrei. Kosten werden nicht erstattet (§ 66 Abs. 8 GKG).«

Im Übrigen sind folgende Entscheidungsalternativen denkbar:

- 1. Alternative: **vollständiges Unterliegen** eines Beteiligten (z. B. bei Klageabweisung; § 154 Abs. 1 VwGO):
  Beispiele:
  »Der Kläger trägt die Kosten des Verfahrens.«
  »Die Beklagte hat die Kosten des Verfahrens zu tragen.«
- 2. Alternative: **teilweises Unterliegen und Obsiegen** eines Beteiligten (§ 155 VwGO):

Beispiele:
»Die Kosten werden gegeneinander aufgehoben.«[126]
»Die Kosten des Verfahrens tragen die Beteiligten je zur Hälfte.«
»Die Kosten des Verfahrens tragen der Kläger zu 1/4, die Beklagte zu 3/4.«

- 3. Alternative: **erfolglos eingelegtes Rechtsmittel** (§ 154 Abs. 2 VwGO):
Beispiel:
»Die Klägerin hat die Kosten des Berufungsverfahrens zu tragen.«
- 4. Alternative: Kosten des **Beigeladenen** (§ 154 Abs. 3 VwGO): Die Kostentragungspflicht hängt davon ab, ob der Beigeladene (*vgl. oben 5.4.3*) einen Antrag gestellt oder Rechtsmittel eingelegt hat.
Beispiele:

Es entspricht der Billigkeit, dass Beigeladene ihre außergerichtlichen Kosten selbst tragen, wenn sie sich nicht durch die Stellung eines eigenen Antrags am Kostenrisiko beteiligt haben (§ 162 Abs. 3 VwGO):

»Der Antragsteller hat die Kosten des Verfahrens zu tragen mit Ausnahme der außergerichtlichen Kosten der Beigeladenen.«

Es entspricht der Billigkeit, die außergerichtlichen Kosten derjenigen Beigeladenen für erstattungsfähig zu erklären, die sich im Verfahren aufseiten eines Beteiligten durch die Stellung eigener Anträge am Kostenrisiko beteiligt haben (§ 162 Abs. 3 VwGO):

»Die Kläger haben die Kosten des Verfahrens einschließlich der außergerichtlichen Kosten des Beigeladenen zu 3. zu tragen. Die Beigeladenen zu 1. und 2. tragen ihre außergerichtlichen Kosten selbst.«

- 5. Alternative: **Rücknahme** eines Antrags, einer Klage, eines Rechtsmittels oder eines anderen Rechtsbehelfs (§ 155 Abs. 2 VwGO):
Beispiel:
»Die Kläger haben die Kosten des Verfahrens zu tragen.«
- 6. Alternative: **sofortiges Anerkenntnis** (§ 156 VwGO):

Beispiel:
»Der Kläger trägt die Kosten des Verfahrens.«

- 7. Alternative: **Erledigung der Hauptsache** (§ 161 Abs. 2 VwGO; *vgl. oben 7.4.4*):

Beispiel:
»Die Kosten des Verfahrens haben der Kläger und der Beklagte je zur Hälfte zu tragen.«

☞ Die Erledigung der Hauptsache wird in der Praxis gelegentlich erklärt, obwohl in Wirklichkeit eine **verdeckte Rücknahme** vorliegt. Der Erklärende verbindet damit die Hoffnung, die obligatorischen Kosten, die ihm bei einer Rücknahme auferlegt werden (§ 155 Abs. 2 VwGO), nicht tragen zu müssen.

126 Jeder Beteiligte trägt die Hälfte der Gerichtskosten, aber – im Unterschied zur (Gesamt-)Kostenhalbierung – trägt jeder Beteiligte seine außergerichtlichen Kosten vollständig selbst (vgl. § 155 Abs. 1 S. 2 VwGO). § 160 VwGO sieht diese Variante der Kostenaufteilung bei Vergleichen vor, wenn die Beteiligten keine (anders lautende) Vereinbarung getroffen haben.

Auch in diesen Fällen wird das Verfahren eingestellt, die Kostenentscheidung richtet sich allerdings nach § 155 Abs. 2 VwGO.[127]

- 8. Alternative: Die Kostenregelgung bei **Vergleichen** richtet sich nach § 160 VwGO, wenn die Beteiligten im Vergleich keine Kostenregelung getroffen haben (*vgl. oben 7.5, Fußnote 1; S. 119*).

Zu den Kosten der **Mediation** *vgl unten 10.7.*

Zur Anfechtbarkeit *vgl. unten 8.4.1.*

7.6.2 Die Prozesskostenhilfe

Auch im Verwaltungsprozess können Beteiligte (Kläger, Beklagte, Beigeladene) Prozesskostenhilfe in Anspruch nehmen (§ 166 VwGO i. V. m. §§ 114 bis 127 ZPO).

Voraussetzungen (§ 114 ZPO):

- **Antrag** des Beteiligten (§ 117 ZPO; in jeder Lage des Verfahrens) mit Erklärung über die persönlichen und wirtschaftlichen Verhältnisse,
- **Unvermögen des Antragstellers,** aufgrund seiner persönlichen und wirtschaftlichen Verhältnisse die Kosten der Prozessführung ganz oder teilweise aufzubringen; eine Beteiligung an den Kosten ist möglich (§ 115 ZPO),
- **hinreichende Erfolgsaussichten** der beabsichtigten Rechtsverfolgung oder Rechtsverteidigung,
- **keine mutwillige Inanspruchnahme** des Gerichts.

Das Verfahren richtet sich im Einzelnen nach §§ 118 ff. ZPO. Auf Antrag kann dem Beteiligten ein **Rechtsanwalt beigeordnet** werden (§ 121 ZPO).

Beispiel:

»Dem Kläger wird Prozesskostenhilfe ohne Verpflichtung zur Ratenzahlung unter Beiordnung von Rechtsanwalt Dr. Christian Groll, Steigerstraße 47, 11100 Münchhausen, gewährt, wobei keine höheren Kosten als bei Vertretung durch einen im Bezirk des Verwaltungsgerichts K ansässigen Rechtsanwalt entstehen dürfen.«

Zur Anfechtbarkeit *vgl. unten 8.4.2.*

7.7 Die vorläufige Vollstreckbarkeit

Die vorläufige Vollstreckbarkeit verwaltungsgerichtlicher Entscheidungen bestimmt sich nach § 167 VwGO i. V. m. §§ 704 bis 945 ZPO. Das Gericht entscheidet **von Amts wegen** (*vgl. dazu oben 5.3.4*), eines Antrags bedarf es nicht.

Urteile auf Anfechtungs- und Verpflichtungsklagen können nur wegen der Kosten für vorläufig vollstreckbar erklärt werden. Die **Abwendungsbefugnis** des Kostenpflichtigen ist auszusprechen (§ 167 Abs. 2 VwGO i. V. m. §§ 708 Nr. 11, 711 ZPO).

Beispiel:

»Das Urteil ist im Kostenausspruch vorläufig vollstreckbar. Der Kläger darf die Vollstreckung durch Sicherheitsleistung oder Hinterlegung in Höhe der zu

127 Vgl. Kopp/Schenke, § 92 RdNr. 4 ff.

vollstreckenden Kosten abwenden, wenn nicht der Kostengläubiger vor der Vollstreckung Sicherheit in gleicher Höhe leistet.«

7.8 Die Streitwertentscheidung

☞ Mit Einreichung der Klage oder eines Antrags trifft das Gericht eine **vorläufige** Streitwertfestsetzung. Eine endgültige Festsetzung des Streitwerts erfolgt nach Abschluss des Verfahrens.

Über den Wert des Streitgegenstandes ist **von Amts wegen** durch **Beschluss** (also nicht im Urteil) zu entscheiden (§ 63 Abs. 2 GKG). Eines gesonderten Antrags bedarf es nicht. Gleichwohl gibt das Gericht oftmals Gelegenheit, sich zur Höhe des Streitwerts zu äußern.

Der Streitwert ist die Grundlage für die Bemessung der Gerichtsgebühren und der Anwaltsgebühren (*vgl. oben 5.2*).

Eine Streitwertfestsetzung ist grundsätzlich nicht erforderlich, soweit ein Verfahren gerichtskostenfrei ist (*vgl. oben 7.6.1*). In solchen Fällen ist auf Antrag der Gegenstandswert festzusetzen, damit ein bevollmächtigter Rechtsanwalt die ihm zustehenden Gebühren geltend machen kann (§ 11 Abs. 3 RVG i. V.m § 52 GKG).

Der Streitwert ist im verwaltungsgerichtlichen Verfahren grundsätzlich nach der **Bedeutung der Sache für den Kläger** zu bestimmen (§ 52 Abs. 1 Satz 1 GKG). Dem Kläger steht gleich, wer sonst das Verfahren erster Instanz beantragt hat (z. B. der Antragsteller in einem Eilverfahren, § 52 Abs. 7 GKG). Bietet der Sach- und Streitstand wirtschaftliche Anhaltspunkte für dieses Interesse, so wird der entsprechende Geldbetrag angesetzt (§ 52 Abs. 3 GKG). Fehlen solche Anhaltspunkte, ist ein Streitwert von 5 000 Euro anzunehmen (**Regelstreitwert**, § 52 Abs. 2 GKG).[128]

Beispiel:

»Der Kläger hat im Wege einer allgemeinen Leistungsklage (vgl. dazu oben 6.3.5) einen Geldbetrag von 1 705,23 EUR eingelegt:

Der Streitwert wird auf 1 705,23 EUR festgesetzt.«

In Streitigkeiten nach dem **Vermögensgesetz** beträgt der Höchstwert 500 000 EUR (§ 52 Abs. 4 GKG).

Für **beamtenrechtliche** Streitigkeiten sieht § 52 Abs. 5 GKG einen besonderen Berechnungsmodus vor.

Es gibt aber auch zahlreiche verwaltungsgerichtliche Streitigkeiten, die nicht auf unmittelbar vermögensrechtliche Interessen gerichtet sind (z. B. die Erteilung eines Jagdscheins), die aber wegen ihrer verschiedenartigen Bedeutung[129] gleichwohl nicht alle mit einem Regelstreitwert von 5 000 EUR veranschlagt werden können. Um die Festsetzung möglichst angemessener und einheitlicher Streitwerte zu ermöglichen, hat eine aus Richtern der Verwaltungsgerichts-

128 Andere Bezeichnungen: Auffangstreitwert, Hilfsstreitwert.

129 Z. B. die Zulassung zu einer Prüfung einerseits und die Planfeststellung für einen Verkehrsflughafen andererseits.

barkeit zusammengesetzte Arbeitsgruppe einen sog. **Streitwertkatalog** erarbeitet.[130] Dieser Katalog, der von Zeit zu Zeit aktualisiert wird, berücksichtigt Anregungen und Erfahrungen aus der Praxis; er enthält für einzelne Sachgebiete Richtwerte, an die die Verwaltungsgerichte nicht gebunden sind und die sie über- oder unterschreiten können. Maßgeblich sind immer die Umstände des konkreten Einzelfalles.

Werden **mehrere Anträge** gestellt, so werden die Werte addiert (entsprechend § 5 ZPO). Dies gilt auch für den Fall, dass neben einem Verwaltungsakt eine **Zwangsmittelandrohung** oder **Verwaltungsgebührenfestsetzung** im Streit ist. Für **Hilfsanträge** gilt § 45 Abs. 1 Satz 2 GKG.

In Verfahren des **vorläufigen Rechtsschutzes** beträgt der Streitwert in der Regel 1/2, in den Fällen des § 80 Abs. 2 Nr. 1 VwGO und bei allen anderen auf bezifferte Geldleistungen gerichteten Verwaltungsakten 1/4 des für das Hauptsacheverfahren anzunehmenden Streitwerts. Wird die Hauptsache im Eilverfahren vorweggenommen, so kann der Streitwert bis zur Höhe des Hauptsachestreitwerts angenommen werden.

In Rechtsmittelverfahren besteht eine Besonderheit, wenn die (beklagte) Behörde die Aufhebung einer stattgebenden erstinstanzlichen Entscheidung begehrt. Behörden haben grundsätzlich kein wirtschaftliches Interesse an der Aufhebung einer solchen Entscheidung. Sie haben allenfalls ein sog. **Verwaltungsinteresse.** Mangels anderweitiger bezifferbarer Anhaltspunkte wird dieses grundsätzlich mit dem Regelstreitwert zu veranschlagen sein.

Für die Streitwertfestsetzung kommt es auf den **Zeitpunkt** an, der die Instanz einleitet (§ 40 GKG). Spätere Gesetzesänderungen bleiben unberücksichtigt (§ 71 GKG).

Zur Anfechtbarkeit *vgl. unten 8.4.3 und 8.4.5.*

7.9 Die Zuziehung Bevollmächtigter

Bevollmächtigte (*vgl. oben 3.6*) können in jeder Lage des Verfahrens hinzugezogen werden. Soweit ein **Vorverfahren** geschwebt hat, sind Gebühren und Auslagen des Bevollmächtigten erstattungsfähig, wenn das **Gericht** die Zuziehung eines Bevollmächtigten für das Vorverfahren **für notwendig erklärt** (§ 162 Abs. 2 Satz 2 VwGO).

Der Ausspruch erfolgt nur auf **Antrag**, entweder im Urteil oder in einem gesonderten Beschluss.[131]

Beispiel:

»Die Zuziehung eines Bevollmächtigten für das Vorverfahren wird für notwendig erklärt.«

Die Notwendigkeit der Zuziehung eines Bevollmächtigten im Vorverfahren besteht, wenn sie ein verständiger, aber rechtsunkundiger Beteiligter für erfor-

130 Abgedruckt z. B. bei Kopp/Schenke, Anhang zu § 164, Rn. 14.
131 Vgl. Kopp/Schenke, § 162 RdNr. 17.

derlich halten darf und es dem Beteiligten nach seiner Vorbildung, Erfahrung und seinen sonstigen persönlichen Umständen nicht zuzumuten ist, das Verfahren selbst zu führen. Dabei muss es sich nicht um besonders schwierige oder umfangreiche Verfahren handeln. Vielmehr sind Laien regelmäßig nicht in der Lage, ihre Rechte gegenüber der Verwaltung ausreichend zu wahren.[132]

Die gerichtliche Entscheidung ergeht auf der Grundlage des § 162 Abs. 2 VwGO. § 80 VwVfG ist regelmäßig nur dann von Bedeutung, wenn sich an das Widerspruchsverfahren kein Klageverfahren gegen den Ausgangs- und Widerspruchsbescheid anschließt; dies gilt auch in **abgaberecht**lichen Angelegenheiten.[133]

Ist eine Entscheidung über die Notwendigkeit der Zuziehung eines Bevollmächtigten durch das Gericht zunächst unterblieben, kann dies durch nachträglichen Beschluss nachgeholt werden. § 120 VwGO ist nicht anwendbar, selbst wenn die Entscheidung bereits vorher beantragt war (*vgl. auch oben 7.2.5*).[134]

---

132 Im Einzelnen ist vieles umstritten, vgl. zum Meinungsstand Kopp/Schenke, § 162 RdNr. 18 ff.
133 ThürOVG, ThürVBl. 2001, 108.
134 BVerwGE 27, 29.

8 Die Rechtsmittel

8.1 Die Rechtsmittelarten

Weder Art. 19 Abs. 4 GG noch andere Verfassungsbestimmungen gewährleisten einen Instanzenzug. Sehen aber prozessrechtliche Vorschriften Rechtsbehelfe vor, so verbietet Art. 19 Abs. 4 Satz 1 GG eine Auslegung und Anwendung dieser Rechtsnormen, die die Beschreitung des eröffneten Rechtswegs in einer unzumutbaren, aus Sachgründen nicht mehr zu rechtfertigenden Weise erschwert.[135]

Im verwaltungsgerichtlichen Verfahren kommen folgende Rechtsmittel in Betracht:

- die **Berufung** (*vgl. unten 8.3*),
- die **Beschwerde** (*vgl. unten 8.4*),
- die **Revision** (*vgl. unten 8.5*),
- der **Antrag auf mündliche Verhandlung** (*vgl. unten 8.6*),
- die **Erinnerung** (*vgl. unten 8.7*).

Als formloser Rechtsbehelf ist außerdem die **Gegenvorstellung** zu erwähnen (*vgl. unten 8.8*).

8.2 Die Einlegung von Rechtsmitteln

Die Einlegung eines Rechtsmittels ist eine **Prozesshandlung**. Die Voraussetzungen für die Wirksamkeit von Prozesshandlungen (*vgl. oben 4*) müssen deshalb gegeben sein.[136]

Rechtsmittelgerichte sind das **Oberverwaltungsgericht** und das **Bundesverwaltungsgericht** (*vgl. oben 2.1 und 2.3.2*). Insbesondere ist zu beachten, dass in Verfahren vor diesen Gerichten grundsätzlich **Anwaltszwang** herrscht (*vgl. oben 3.6*). Ausgenommen sind Beschwerden gegen **Erinnerungsentscheidungen** des Verwaltungsgerichts, **Streitwertbeschwerden** (§ 68 Abs. 1 Satz 5 i. V. m. § 66 Abs. 5 Satz 1 GKG), Beschwerden im Zusammenhang mit Festsetzungen von **Zeugen-** und **Sachverständigenentschädigungen** (§ 4 Abs. 6 JVEG).

Die Rechtsmitteleinlegung ist eine **bedingungsfeindliche** Prozesshandlung (*vgl. oben 4.7*). Ein Rechtsmittel kann beispielsweise nicht für den Fall eingelegt werden, dass dem Rechtsmittelführer Prozesskostenhilfe (*vgl. oben 7.6.2*) gewährt wird.[137]

Um **Erfolg** zu haben, müssen Rechtsmittel **zulässig** und **begründet** sein. Ein Rechtsmittel ist insbesondere zulässig, wenn es **statthaft** und **formgerecht** (*vgl.*

135 BVerfGE 77, 275, 284; 78, 88, 99.
136 Vgl. grundlegend Kopp/Schenke, vor § 124, RdNr. 27 ff.
137 Vgl. näher Kopp/Schenke, vor § 124 RdNr. 25 m. w. N.

oben 4.5) beim richtigen **Adressaten** innerhalb der gesetzlich vorgeschriebenen **Frist** (*vgl. oben 4.6*) eingelegt worden ist. Das Rechtsmittel ist unzulässig, wenn vor seiner Einlegung wirksam darauf verzichtet wurde.

Für Berufungen hat der Gesetzgeber besondere **Zulassungsverfahren** eingeführt[138] (*vgl. unten 8.3.1*); in diesen Zulassungsverfahren herrscht ebenfalls Anwaltszwang (§ 67 Abs. 4 Satz 2 VwGO).

☞ Die Rechtsprechung stellt an die Einlegung von Rechtsmitteln durch anwaltlich vertretene Beteiligte höhere Anforderungen als etwa an die Erhebung einer erstinstanzlichen Klage durch einen juristischen Laien (*vgl. dazu oben 4.5*). Dies gilt insbesondere für die **Bezeichnung** des statthaften Rechtsmittels.[139] Die **Umdeutung** einer Berufung in den allein statthaften Antrag auf Zulassung der Berufung ist ausgeschlossen, wenn der betreffende Schriftsatz von einem rechtskundigen Bevollmächtigten stammt.[140] Wegen des in der zweiten Instanz herrschenden Anwaltszwangs (*vgl. oben 3.6 und 4.4*) gelten diese Präzisionsanforderungen stets. Es genügt auch nicht, wenn etwa ein Bevollmächtigter zur **Begründung** eines Rechtsmittels pauschal erklärt, das Begründungsschreiben seines Mandanten werde »*vollinhaltlich zum Gegenstand des Beschwerdevortrags gemacht.*« Eine solche Erklärung lässt nicht erkennen, dass der Bevollmächtigte eine eigene Prüfung, Sichtung und rechtliche Durchdringung des Streitstoffes vorgenommen hat.[141]

8.3 Die Berufung

Die Berufung ist grundsätzlich **statthaft** gegen **Urteile** (*vgl. oben 7.2*) und **Gerichtsbescheide** (*vgl. oben 7.3*) der Verwaltungsgerichte. Das Oberverwaltungsgericht (*vgl. oben 2.4*) führt ein Berufungsverfahren nur durch, wenn zuvor die Berufung zugelassen wurde. Die Zulassung spricht entweder das Verwaltungsgericht in seinem **Urteil** (§ 124a Abs. 1 Satz 1 VwGO – Berufungsverfahren ohne besondere Zulassung durch das OVG) oder das Oberverwaltungsgericht durch gesonderten **Beschluss** in einem eigenständigen (Zwischen-)Zulassungsverfahren aus (§ 124a Abs. 5 Satz 1 VwGO). Die Berufung darf nur aus einem (oder mehreren) der Gründe des § 124 Abs. 2 VwGO zugelassen werden.

8.3.1 Das Zulassungsverfahren

§ 124a VwGO regelt die Voraussetzungen des Zulassungsverfahrens:

---

138 Zu Einzelheiten vgl. etwa Rennert, Die maßgebliche Perspektive bei der Zulassung von Berufungen und Beschwerden im Verwaltungsprozess, NVwZ 1998, 665 ff. und Seibert, Die Zulassung der Berufung, DVBl. 1997, 932 ff., jeweils m. w. N.

139 Z. B. ist die Umdeutung der Berufung eines rechtskundig vertretenen Beteiligten in eine Nichtzulassungsbeschwerde unzulässig, vgl. BSG, NVwZ 1997, 832.

140 BVerwG, DVBl. 1994, 1409; OVG Hamburg, NVwZ 1997, 690; ThürOVG, ThürVBl. 1999, 209; OVG Greifswald, NVwZ 1998, 201.

141 BVerwG, NVwZ 1999, 643. Hingegen genügt es bei einer wegen Divergenz bereits zugelassenen Berufung, wenn der Berufungsführer ohne weitere inhaltliche Ausführungen auf den Zulassungsbeschluss Bezug nimmt, BVerwG, NVwZ 2001, 1029.

- Die Zulassung der Berufung durch das Oberverwaltungsgericht ist **innerhalb eines Monats nach Zustellung des Urteils** (*vgl. oben 7.2.4*) zu beantragen (§ 124a Abs. 4 Satz 1 VwGO).
- Der Antrag ist **bei dem Verwaltungsgericht** zu stellen, das die angegriffene Entscheidung gefällt hat (§ 124 Abs. 4 Satz 2 VwGO); wird der Antrag z. B. beim (unzuständigen) Oberverwaltungsgericht gestellt, ist er unzulässig.[142]
- Der Antrag muss das **angefochtene Urteil** (am besten nach **Datum und Aktenzeichen**) bezeichnen (§ 124a Abs. 4 Satz 3 VwGO).
- Innerhalb von zwei Monaten nach Zustellung des vollständigen Urteils sind die **Zulassungsgründe** darzulegen (§ 124a Abs. 4 Satz 4 VwGO). Dieses Erfordernis ist am schwierigsten zu erfüllen. Es genügt bei weitem nicht, nur einen gesetzlichen Zulassungsgrund zu behaupten! Selbst erfahrenen Praktikern bereitet es bisweilen Schwierigkeiten, ☞
  - den zutreffenden Zulassungsgrund (§ 124 Abs. 2 Nr. 1 bis 5 VwGO) herauszufinden (zu »bezeichnen«) *und*
  - so detailliert und substantiiert zu untermauern, dass das Zulassungsverfahren zum Erfolg führt. Der Zulassungsantragsteller muss z. B. bei § 124 Abs. 2 Nr. 2 VwGO ausführen, hinsichtlich der Beantwortung welcher Fragen und aus welchen Gründen die Rechtssache seiner Ansicht nach besondere rechtliche oder tatsächliche Schwierigkeiten aufweist. Hierbei dürfen zwar keine übersteigerten Anforderungen gestellt werden. Das dem Antragsteller obliegende Darlegungserfordernis würde überdehnt, wenn das Oberverwaltungsgericht von ihm einen vollständigen Begründungskontext erwartete, den es im Falle der Stattgabe selbst zu entwickeln hätte.[143] Andererseits empfiehlt sich aber die möglichst ausführliche Darlegung aller in Betracht kommenden Tatsachen und Rechtsgründe; denn ablehnende Entscheidungen des Oberverwaltungsgerichts im Zulassungsverfahren sind unanfechtbar (§ 124a Abs. 5 Satz 4 VwGO). ☞

Inzwischen gibt es zur Problematik der **Zulassungsgründe** eine umfangreiche, weitgehend gefestigte obergerichtliche Rechtsprechung. Im Einzelnen werden an die Zulassungsgründe folgende Anforderungen gestellt:

- **Ernstliche Zweifel an der Richtigkeit des Urteils** (§ 124 Abs. 2 Nr. 1 VwGO) bestehen, wenn bei der im Zulassungsverfahren allein möglichen summarischen Prüfung der Erfolg des Rechtsmittels – d. h. der Berufung – **wahrscheinlicher als der Misserfolg** ist. Sind die Erfolgsaussichten der angestrebten Berufung im Zeitpunkt der Entscheidung über die Zulassung offen, so scheidet dieser Zulassungsgrund aus. Die ernstlichen Zweifel müssen zudem **rechtserheblich** sein. Sie müssen eine Frage betreffen, deren Beantwortung im vom Rechtsmittelführer gewünschten Sinne wahrscheinlich zu einem anderen Entscheidungsergebnis führen würde. Ist das Entscheidungsergebnis wahrscheinlich zutreffend, weil das Verwaltungsgericht seine

---

142 ThürOVG, DVBl. 1997, 1343.
143 So das BVerfG, NVwZ 2000, 1163; vgl. auch OVG Münster, DVBl. 1997, 1342 und NVwZ 1997, 1224.

Entscheidung auf eine weitere, selbstständig tragende und nicht erfolgreich angegriffenen Begründung gestützt hat oder weil sich die Entscheidung aus anderen Gründen als richtig darstellt, dann kann eine Zulassung der Berufung aus dem Zulassungsgrund des § 124 Abs. 2 Nr. 1 VwGO nicht erfolgen. Die Vorschrift soll die Korrektur unrichtiger Entscheidungen, nicht die Korrektur fehlerhafter Begründungen ermöglichen.[144]

- **Besondere tatsächliche oder rechtliche Schwierigkeiten der Rechtssache** (§ 124 Abs. 2 Nr. 2 VwGO) liegen vor, wenn die Angriffe des Rechtsmittelführers begründeten Anlass zu Zweifeln an der Richtigkeit der erstinstanzlichen Entscheidung geben, die sich nicht ohne weiteres im Zulassungsverfahren klären lassen, sondern die Durchführung eines Berufungsverfahrens erfordern.[145]
- Die **Rechtssache** hat **grundsätzliche Bedeutung** (§ 124 Abs. 2 Nr. 3 VwGO), wenn sie eine klärungsbedürftige Frage des materiellen oder formellen Rechts aufwirft und zu erwarten ist, dass die Entscheidung im künftigen Berufungsverfahren dazu dienen kann, die Rechtseinheit in ihrem Bestand zu erhalten oder die Entwicklung des Rechts zu fördern. Die Entscheidung des Berufungsgerichts muss außerdem im **allgemeinen Interesse** liegen. Das Interesse einzelner Beteiligter an der bloßen Entscheidung eines Einzelfalles genügt nicht.[146]
- Das **Urteil weicht** (in einem seine Entscheidung tragenden, abstrakten Rechtssatz[147]) von einer Entscheidung des Oberverwaltungsgerichts[148], des **Bundesverwaltungsgerichts**, des **gemeinsamen Senats der obersten Gerichtshöfe des Bundes** oder des **Bundesverfassungsgerichts** ab **und beruht auf dieser Abweichung** (§ 124 Abs. 2 Nr. 4 VwGO).
- Es wird ein **Verfahrensmangel** geltend gemacht, auf dem die **Entscheidung beruhen** kann (§ 124 Abs. 2 Nr. 5 VwGO). Ein solcher Mangel kann beispielsweise vorliegen, wenn das Gericht den **Amtsermittlungsgrundsatz** (§ 86 Abs. 1 VwGO, *vgl. oben 5.3*) verletzt, **rechtliches Gehör** nicht gewährt (*vgl. oben 1.1*) oder gegen Denkgesetze in der **Beweiswürdigung** (*vgl. oben 5.5 und 7.2.1*) verstoßen hat.

8.3.2 Das Berufungsverfahren

Lehnt das Oberverwaltungsgericht den Zulassungsantrag ab, ist das Verfahren beendet. Das angegriffene Urteil des Verwaltungsgerichts wird rechtskräftig (§ 124a Abs. 5 Satz 4 VwGO; zur Rechtskraft *vgl. oben 7.2.6*).

---

144 VGH Mannheim, NJW 1998, 1659; OVG Münster, DVBl. 1997, 1342; OVG Lüneburg, NVwZ 1997, 1225; OVG Hamburg, NVwZ 1997, 1231; ThürOVG, ThürVBl. 1998, 42.

145 ThürOVG, ThürVBl. 1998, 93 und 279; OVG Lüneburg, NVwZ 1997, 1229.

146 BVerwGE 13, 90; OVG Münster, NVwZ 1998, 306.

147 OVG, Münster, NVwZ 1998, 306; zu den Darlegungsanforderungen vgl. VGH Mannheim, DVBl. 1997, 1326.

148 Maßgeblich ist das Oberverwaltungsgericht, das dem entscheidenden Verwaltungsgericht im Instanzenzug übergeordnet ist, ThürOVG, Beschl. v. 24. August 1998 – 1 ZO 68/95. Eine Abweichung von der Rechtsprechung anderer Oberverwaltungsgerichte kann keine Divergenzrüge im Sinne des § 124 Abs. 2 Nr. 4 VwGO begründen.

Lässt das Oberverwaltungsgericht die Berufung zu, wird das Zulassungsverfahren als Berufungsverfahren fortgesetzt; der Einlegung einer Berufung bedarf es nicht (§ 124a Abs. 5 Satz 5 VwGO). Die Entscheidung des Oberverwaltungsgerichts könnte wie folgt lauten:

Beispiel:

»Die Berufung gegen das Urteil des Verwaltungsgerichts L vom 13. Oktober 2009 – 9 K 1889/06 – wird zugelassen.

Das Verfahren wird als Berufungsverfahren unter dem Aktenzeichen 5 KO 823/11 fortgeführt.«

In der Praxis wird gelegentlich – mit fatalen Folgen – übersehen, dass die **Berufung**

- **innerhalb eines Monats** nach Zustellung des Zulassungsbeschlusses
- zu **begründen** ist und
- einen **bestimmten Antrag**
- sowie die im Einzelnen anzuführenden Gründe der Anfechtung (**Berufungsgründe**) enthalten muss (§ 124a Abs. 6 i. V. m. Abs. 3 Satz 3 bis 5 VwGO)!
- Die Begründung ist beim **Oberverwaltungsgericht** einzureichen (§ 124a Abs. 6 Satz 2 VwGO).
- Der Senatsvorsitzende kann die **Begründungsfrist** auf rechtzeitigen Antrag **verlängern** (§ 124a Abs. 3 Satz 3, Abs. 6 Satz 3 VwGO).

Fehlt es an einer dieser Voraussetzungen, so ist die Berufung **unzulässig** (§ 124a Abs. 3 Satz 5, Abs. 6 Satz 3 VwGO).

Das Verfahren vor dem Berufungsgericht ist ein zweites Tatsachenverfahren. Das Berufungsgericht hat den Fall in tatsächlicher und rechtlicher Hinsicht im gleichen Umfang wie das Verwaltungsgericht zu prüfen. Die weitere Verfahrensweise richtet sich deshalb nach §§ 125 ff. VwGO. Der Grundsatz der **Amtsermittlung** (*vgl. oben 5.3*) gilt auch hier entsprechend, ebenso wie die Vorschriften über das erstinstanzliche Verfahren (§ 125 Abs. 1 VwGO). Das Oberverwaltungsgericht prüft den Streitfall im Rahmen des Berufungsantrags im gleichen Umfang wie das Verwaltungsgericht. Es berücksichtigt auch neu vorgebrachte Tatsachen und Beweismittel (§ 128 VwGO; Ausnahme: § 128a VwGO!). Das Urteil des Verwaltungsgerichts darf nur soweit geändert werden, als eine Änderung beantragt ist (§ 129 VwGO).

8.3.3 Die Berufungsentscheidung

Für das Oberverwaltungsgericht kommen mehrere Entscheidungsalternativen in Betracht. Folgende Tenorierungen sind denkbar:

- 1. Alternative: Die **Berufung** ist **unzulässig** (§ 125 Abs. 2 VwGO).

  Beispiel:

  »Die Berufung des Klägers gegen das Urteil des Verwaltungsgerichts M vom 4. März 2011 – (Az. …) – wird verworfen.«
- 2. Alternative: Die **Berufung** wurde **zurückgenommen** (§§ 126, 125 i. V. m. § 92 Abs. 3 VwGO).

Beispiel:
»Das Verfahren wird eingestellt.«

- 3. Alternative: Die **Klage** wurde **zurückgenommen** (§ 125, § 92 Abs. 1, 3 VwGO).
  Beispiel:
  »Das Verfahren wird eingestellt. Das Urteil des Verwaltungsgerichts S vom 11. Mai 2011 – (Az. …) – ist wirkungslos.«
- 4. Alternative: Die Beteiligten erklären den **Rechtsstreit in der Hauptsache für erledigt** (§ 125 Abs. 1, § 92 Abs. 1 Satz 1 VwGO; *vgl. oben 7.4.4*, dort auch zur Kostenentscheidung).
  Beispiel:
  »Das Verfahren wird eingestellt. Das Urteil des Verwaltungsgerichts C vom 28. Mai 2010 – (Az. …) – ist wirkungslos.«[149]
- 5. Alternative: Die **Berufung** ist **zulässig**, aber **unbegründet.**[150]
  Beispiel:
  »Die Berufung des Beklagten gegen das Urteil des Verwaltungsgerichts A vom 14. März 2009 – (Az. …) – wird zurückgewiesen.«
- 6. Alternative: Die **Berufung** ist **zulässig** und **begründet.** Die Entscheidung des Oberverwaltungsgerichts hängt zum einen davon ab, ob die Sache spruchreif ist oder nicht (§ 130 Abs. 1 VwGO); sie hängt zum anderen davon ab, in welchem Umfang die Berufung Erfolg hat.
  Beispiele:
  Spruchreife und voller Erfolg:
  »Das Urteil des Verwaltungsgerichts N vom 23. August 2008 – (Az. …) – wird abgeändert. Der Beklagte wird unter Abänderung des Bescheids des Ministeriums für Wissenschaft, Forschung und Kunst vom … verpflichtet, die Gleichwertigkeit des Studienabschlusses der Klägerin an der Fachschule für Finanzwirtschaft G vom … mit einem Abschluss, der an einer Vorläufereinrichtung von Fachhochschulen in dem Teil der Bundesrepublik Deutschland erworben wurde, in dem das Grundgesetz bereits vor dem 3. Oktober 1990 galt, festzustellen.«
  Spruchreife und Teilerfolg:
  »Das Urteil des Verwaltungsgerichts P vom 11. Dezember 2009 – (Az. …) – wird insoweit abgeändert, als … Im Übrigen wird die Berufung zurückgewiesen.«
  Spruchreife und kein Erfolg:
  »Auf die Berufung des Beklagten wird das Urteil des Verwaltungsgerichts G vom 22. Januar 2009 – (Az. …) – abgeändert. Die Klage wird abgewiesen.«
  Erfolg und keine Spruchreife:
  »Das Urteil des Verwaltungsgerichts T vom 14. August 2008 – (Az. …) – wird aufgehoben. Die Sache wird an das Verwaltungsgericht T zurückverwiesen.«

149 Vgl. zu diesem klarstellenden Ausspruch *oben 7.4.4.*
150 D. h. die angefochtene Entscheidung des Verwaltungsgerichts erweist sich im Berufungsverfahren als sachlich und rechtlich zutreffend.

Die Entscheidung über die Berufung ergeht grundsätzlich durch **Urteil** (*vgl. oben 7.1 und 7.2*). Das Oberverwaltungsgericht kann in den Fällen des § 130a VwGO (einstimmige Begründetheit oder Unbegründet der Berufung, keine mündliche Verhandlung erforderlich) über die Berufung durch **Beschluss** entscheiden. § 130b VwGO regelt Erleichterungen für die **Begründung** des Berufungsurteils (*vgl. auch oben 7.2.3*).

8.4 Die Beschwerde

Gegen Entscheidungen des Verwaltungsgerichts, des Vorsitzenden oder des Berichterstatters, die nicht Urteile oder Gerichtsbescheide sind, steht u. a. den Beteiligten grundsätzlich die **Beschwerde** zu (§ 146 Abs. 1 VwGO).

Soweit im Rahmen der Anwendungen anderer Vorschriften, insbesondere der ZPO, eine **sofortige Beschwerde** vorgesehen ist (z. B. § 167 VwGO i. V. m. § 793 ZPO), tritt an deren Stelle die Beschwerde nach §§ 146 ff. VwGO.[151]

8.4.1 Der Beschwerdeausschluss

Die Beschwerde ist ausgeschlossen (§ 146 Abs. 2, 3 VwGO)[152] ☜

- gegen **prozessleitende Verfügungen** (*vgl. oben 5.4*) u. ä. Entscheidungen, wie z. B. Aufklärungsanordnungen, Vertagungsbeschlüsse, Beweisbeschlüsse, Beschlüsse über die Ablehnung von Beweisanträgen (*vgl. oben 5.5*), über die Trennung und Verbindung von Verfahren (*vgl. oben 5.4.2*) oder über Wiedereinsetzung in den vorigen Stand (*vgl. oben 4.9 und 7.4*),
- in Streitigkeiten über **Kosten**, Gebühren und Auslagen, wenn der **Wert des Beschwerdegegenstandes 200 Euro** nicht übersteigt (§ 146 Abs. 3 VwGO, § 66 Abs. 2 Satz 1 GKG), sofern eine Anfechtung überhaupt statthaft ist (§ 158 VwGO),
- bei **Streitwertbeschwerden**, wenn der **Wert des Beschwerdegegenstandes 200 Euro** nicht übersteigt (§ 68 Abs. 1 Satz 1 GKG),
- gegen Beschwerdeentscheidungen des **Rechtsmittelgerichts** (§§ 152 VwGO)
- in bestimmten durch **Bundesgesetz** festgelegten Nebenverfahren, wenn das **Hauptverfahren einstufig** ausgestaltet ist (z. B. sind im Recht der offenen Vermögensfragen die Berufung und die Beschwerde gegen sonstige Entscheidungen des Verwaltungsgerichts ausgeschlossen, § 37 Abs. 2 Satz 1 VermG; Beschwerden gegen Streitwertfestsetzungen, Prozesskostenhilfeentscheidungen u. Ä. sind unstatthaft).

8.4.2 Das Beschwerdeverfahren

Die Beschwerde ist bei dem Gericht, dessen Entscheidung angefochten wird, schriftlich oder zur Niederschrift des Urkundsbeamten der Geschäftsstelle einzulegen. ☜

---

151 Vgl. Kopp/Schenke, § 167 RdNr. 2 m. w. N.

152 Vgl. grundlegend Ebert, Zum Ausschluss von Beschwerden gegen »andere Entscheidungen des Verwaltungsgerichts«, ThürVBl. 1994, 273 ff.

Die Beschwerde**frist** beträgt zwei Wochen ab Bekanntgabe der Entscheidung (§ 147 Abs. 1 Satz 1 VwGO). Die Beschwerdefrist ist auch gewahrt, wenn die Beschwerde innerhalb der Frist bei dem Beschwerdegericht eingeht (§ 147 Abs. 2 VwGO).

Zu beachten ist, dass unterschiedliche oder zusätzliche Voraussetzungen für die **Zulässigkeit** der jeweiligen Beschwerde gelten können (z. B. für die Streitwertbeschwerde eine Beschwerdesumme von 200 Euro und eine sechsmonatige Beschwerdefrist, § 68 Abs. 1 Satz 3 i. V. m. § 63 Abs. 3 Satz 2 GKG).

☞ Die **Streitwertbeschwerde** eines Rechtsanwalts, mit der dieser **im Namen seines Mandanten** die **Heraufsetzung** des Streitwerts zu erreichen sucht, ist mangels **Rechtsschutzbedürfnis** unzulässig. Ein Rechtsanwalt kann die Heraufsetzung des Streitwerts nur **aus eigenem Recht** beantragen bzw. Rechtsmittel gegen die erstinstanzliche Festlegung einlegen, wenn seinem Mandanten die Verfahrenskosten auferlegt worden sind (§§ 32, 33 RVG). Anders ist nicht nachzuvollziehen, weshalb der Mandant als kostenpflichtiger Beteiligter zusätzliche Kosten übernehmen sollte, die ihm durch eine erhöhte Streitwertfestsetzung drohen.[153]

Ein nicht kostenpflichtiger Kläger kann ebenfalls keine Streitwertbeschwerde erheben.

Das **Verwaltungsgericht**, der Vorsitzende oder der Berichterstatter, dessen Entscheidung angefochten wird, hat der Beschwerde **abzuhelfen**, wenn er sie für begründet hält. Andernfalls legt er sie (mit den Gerichts- und Behördenakten) unverzüglich dem Oberverwaltungsgericht vor. Die Beteiligten sollen hiervon in Kenntnis gesetzt werden (§ 148 VwGO). In Eilverfahren scheidet eine Abhilfe aus (§ 148 Abs. 4 Satz 5 VwGO).

☞ Für das Beschwerdeverfahren gelten im Übrigen die allgemeinen Vorschriften über **Beschluss**verfahren (§ 122 VwGO; *vgl. oben 7.4*). Das Oberverwaltungsgericht ist auch im Beschwerdeverfahren Tatsacheninstanz. Es kann eigene Ermessensentscheidungen treffen.

Die Beschwerde gegen Beschlüsse des Verwaltungsgerichts in Verfahren des **vorläufigen Rechtsschutzes** (§§ 80, 80a und § 123 VwGO; *vgl. oben 6.4.1 bzw. 6.4.2*) ist innerhalb eines Monats nach Bekanntgabe der Entscheidung zu **begründen**. Sofern die Begründung nicht bereits mit der Beschwerde vorgelegt worden ist, ist sie bei dem Oberverwaltungsgericht einzureichen. Sie muss einen bestimmten **Antrag** enthalten, die **Gründe darlegen**, aus denen die Entscheidung abzuändern oder aufzuheben ist, und sich **mit der angefochtenen Entscheidung auseinandersetzen**. Andernfalls ist die Beschwerde als unzulässig zu verwerfen. Eine Abhilfemöglichkeit für das Ausgangsgericht nach § 148 VwGO besteht nicht. Der Prüfungsumfang des Oberverwaltungsgerichts ist allein auf die dargelegten Gründe beschränkt (§ 146 Abs. 4 VwGO).

153 HambOVG, Beschl. v. 10.5.2002 – 4 So 45/01; ThürOVG, Beschl. v. 13.2.1996 – 2 VO 712/95; vgl. SächsOVG, Beschl. v. 18.5.2007 – 5 E 237/06.

8.4.3 Die Beschwerdeentscheidung

Seine Entscheidung trifft das Oberverwaltungsgericht als **Beschluss** (§ 150 VwGO). Folgende Entscheidungen kommen in Frage:

- 1. Alternative: Die **Beschwerde** ist **unzulässig.**
  Beispiel:
  »Die Beschwerde der Antragsteller gegen den Beschluss des Verwaltungsgerichts G vom 4. Oktober 2011 – (Az. ...) – wird verworfen.«
- 2. Alternative: Die **Beschwerde** wurde **zurückgenommen** (§ 125 Abs. 2, § 146 i. V. m. § 92 Abs. 3 VwGO).
  Beispiel:
  »Das Beschwerdeverfahren wird eingestellt.«
- 3. Alternative: Der **erstinstanzliche Antrag** wurde **zurückgenommen** (§§ 125, 92 Abs. 1, 3 VwGO).
  Beispiel:
  »Das Verfahren wird eingestellt. Der Beschluss des Verwaltungsgerichts K vom 25. Mai 2011 – (Az. ...) – ist wirkungslos.«
- 4. Alternative: Die Beteiligten erklären den **Rechtsstreit in der Hauptsache für erledigt** (§§ 125 Abs. 1, 146, 92 Abs. 1 Satz 1 VwGO; *vgl. oben 7.4.4*, dort auch zur Kostenentscheidung);
  Beispiel:
  »Das Verfahren wird eingestellt. Der Beschluss des Verwaltungsgerichts R vom 27. Mai 2011 – (Az. ...) – ist wirkungslos.«[154]
- 5. Alternative: Die **Beschwerde** ist **zulässig**, aber **unbegründet.**[155]
  Beispiel:
  »Die Beschwerde des Antragstellers gegen den Beschluss des Verwaltungsgerichts V vom 14. Juli 2011 – (Az. ...) – wird zurückgewiesen.«
- 6. Alternative: Die **Beschwerde** ist **zulässig** und **begründet**. Das Oberverwaltungsgericht kann bei Spruchreife selbst entscheiden, den angegriffenen Beschluss abändern oder die Sache entsprechend § 130 VwGO an das Verwaltungsgericht zurückverweisen. Die Beschwerde kann auch nur teilweise Erfolg haben.
  Beispiele:
  Spruchreife und kein Erfolg:
  »Die Beschwerde der Antragstellerin gegen den Beschluss des Verwaltungsgerichts D vom 28. November 2011 – (Az. ...) – wird zurückgewiesen.«
  Spruchreife und Teilerfolg:
  »Der Beschluss des Verwaltungsgerichts E vom 13. Januar 2011 – (Az. ...) – wird dahin abgeändert, dass der Antragsgegner im Wege des einstweiligen Rechtsschutzes verpflichtet wird, der Antragstellerin für den Zeitraum vom 1.

154 Vgl. zu diesem klarstellenden Ausspruch *oben 7.4.4*.
155 D. h., die angefochtene Entscheidung des Verwaltungsgerichts erweist sich im Beschwerdeverfahren als sachlich und rechtlich zutreffend.

Januar bis 31. März 2011 einen monatlichen Regelbedarf von 250 Euro zu gewähren. Im Übrigen wird die Beschwerde zurückgewiesen.«

»Auf die Streitwertbeschwerde des Antragsgegners wird der Streitwertbeschluss des Verwaltungsgerichts J vom 14. Januar 2011 – (Az. ...) – abgeändert. Der Streitwert für das erstinstanzliche Verfahren wird auf 500 Euro festgesetzt. Im Übrigen wird die Beschwerde zurückgewiesen.«

8.5 Die Revision

Gegen Urteile des Oberverwaltungsgerichts und gegen Beschlüsse nach § 47 Abs. 5 Satz 1 VwGO steht den Beteiligten die Revision an das **Bundesverwaltungsgericht** (*vgl. oben 2.3.2*) zu. Die Revision muss

- entweder vom **Oberverwaltungsgericht**
- oder vom **Bundesverwaltungsgericht** auf **Beschwerde gegen die Nichtzulassung** (§ 133 VwGO)

zugelassen worden sein (§ 132 Abs. 1 VwGO).

§ 132 Abs. 2 VwGO nennt **Zulassungsgründe**. (Die Nr. 1 bis 3 stimmen nahezu wörtlich mit denen des § 124 Abs. 2 Nr. 3 bis 5 VwGO überein; *vgl. dazu oben 8.3.1.*) Für die Revision gegen das Urteil eines Oberverwaltungsgerichts über eine Klage aus dem **Beamtenverhältnis** gilt die Sondervorschrift des § 54 BeamtStG.

Die Revision führt zu einer reinen **Rechtskontrolle**. Das Bundesverwaltungsgericht ist im Revisionsverfahren keine Tatsacheninstanz. Es ist vielmehr an die tatsächlichen Feststellungen der Vorinstanz gebunden.

Ausnahmsweise ist auch die **Sprungrevision** (§ 134 VwGO) oder die **Revison bei Ausschluss der Berufung** (z. B. im Vermögensrecht, § 135 VwGO) statthaft.

Die Revision kann nur auf **zulässige Revisionsgründe** im Sinne von § 137 VwGO gestützt werden. In den in § 138 VwGO genannten eklatanten Fällen ist ein Urteil stets auf der Verletzung (revisiblen) Bundesrechts beruhend anzusehen (**absolute Revisionsgründe**).

§§ 139 ff. VwGO enthalten Vorschriften über die **Einlegung** und **Begründung** der Revision (§ 139 VwGO), ihre **Zurücknahme** (§ 140 VwGO) und das **Revisionsverfahren** (§ 141 VwGO). **Klageänderungen** (*vgl. oben 5.1*) und **Beiladungen** (*vgl. oben 3.4*) sind im Revisionsverfahren unzulässig (§ 142 Abs. 1 Satz 1 VwGO).

§§ 143, 144 VwGO regeln den **Inhalt** der möglichen **Entscheidungen** des Bundesverwaltungsgerichts.

8.6 Der Antrag auf mündliche Verhandlung

☞ Die Beteiligten haben ein Wahlrecht, ob sie gegen einen **Gerichtsbescheid** (*vgl. oben 7.3*) die Zulassung der Berufung (*vgl. oben 8.3.1*) oder mündliche Verhandlung beantragen wollen. Wird von beiden Möglichkeiten Gebrauch gemacht, findet mündliche Verhandlung statt (§ 84 Abs. 2 Nr. 1 VwGO; *vgl. oben 5.6*).

8.7 Die Erinnerung

Die Erinnerung ist kein Rechtsmittel im strengen Sinn, sondern ein **sonstiger Rechtsbehelf**. Sie besteht in einem **Antrag auf Entscheidung des Gerichts** (§ 151 Satz 1 VwGO).

Die Erinnerung ist **statthaft** gegen (§ 151 Satz 1, § 164 f. VwGO)

- Entscheidungen des **beauftragten** oder **ersuchten Richters** (*vgl. oben 5.5*),
- Entscheidungen des **Urkundsbeamten der Geschäftsstelle** (*vgl. oben 2.6*), insbesondere gegen **Kostenfestsetzungsbeschlüsse** (*vgl. oben 7.4.5*),
- Entscheidungen des **Vorsitzenden** im Rahmen der **Prozessleitung** (*vgl. oben 5.4*) oder im Zusammenhang mit der **Beanstandung von Fragen** als unzulässig (§ 173 VwGO i. V. m. § 140 ZPO),[156]
- die **Art und Weise der Zwangsvollstreckung** (§ 167 VwGO i. V. m. § 766 ZPO).[157]

§ 151 VwGO enthält weitere Voraussetzungen für die **Zulässigkeit** der Erinnerung; insbesondere ist eine **Frist** von **zwei Wochen** nach Bekanntgabe der Entscheidung einzuhalten.

Zur Beschwerde gegen Erinnerungsentscheidungen *vgl. oben 8.2.*

156 Vgl. Kopp/Schenke, § 151 RdNr. 1.
157 Vgl. Kopp/Schenke, § 167 RdNr. 2.

Muster: Erinnerung

> **STADT KIRCHHEIM**
>
> **Oberbürgermeister** Datum
>
> Verwaltungsgericht Kirchheim
> Maria-Hilf-Platz 2
>
> **12234 Kirchheim**
>
> In dem Verwaltungsstreitverfahren
> Holger Gehrmann
> gegen
> Stadt Kirchheim
>
> Az. 2 K 1459/09.Ki
>
> lege ich gegen den Kostenfestsetzungsbeschluss vom 10. Januar 2012
>
> **Erinnerung**
>
> ein.
>
> Begründung:
> …
>
> (Unterschrift)

Über die Erinnerung entscheidet das Gericht durch **Beschluss** (*vgl. oben 7.4*). Der Tenor könnte wie folgt lauten:

Beispiel:

»Die Erinnerung der Klägerin gegen den Kostenfestsetzungsbeschluss vom 23. November 2011 wird zurückgewiesen.«

Gegen den Beschluss ist die (zulassungsfreie) **Beschwerde** statthaft (*vgl. oben 8.4.3*).

8.8 Die Gegenvorstellung

☞ Ein weiterer **sonstiger Rechtsbehelf**, den weder die VwGO noch die übrigen gerichtlichen Verfahrensordnungen vorsehen, ist die Gegenvorstellung. Sie ist als **Anregung** an das Gericht zu verstehen, im Rahmen seiner **Selbstkontrolle** von einer ihm von Amts wegen zustehenden Befugnis Gebrauch zu machen, **außerhalb eines förmlichen Rechtsmittelverfahrens** eine von ihm getroffene Entscheidung zu ändern. Das Gericht muss zur Änderung seiner Entscheidung befugt sein.[158] Diese Befugnis fehlt beispielsweise dem Rechtsmittelgericht, dessen Entscheidungen unanfechtbar sind (z. B. Beschwerdeentscheidungen des Oberverwaltungsgerichts, *vgl. oben 8.4.1*).[159]

158 HessVGH, NJW 1987, 1354.

159 BayVGH, BayVBl. 1972, 130. Gegenvorstellungen gegen die Kostenentscheidung in einem rechtskräftigen Urteil sind unzulässig, BVerwG, Beschl. v. 3.5.2011 – 6 KSt 1.11.

9 Die Vollstreckung

9.1 Die Rechtsgrundlagen

Der 17. Abschnitt der VwGO widmet sich der Vollstreckung. Soweit die VwGO keine besonderen Vorschriften enthält, gelten die §§ 704 bis 945 ZPO entsprechend (§ 167 Abs. 1 Satz 1 VwGO).

9.2 Das Vollstreckungsgericht

Vollstreckungsgericht ist das **Gericht des ersten Rechtszugs** bzw. dessen Vorsitzender (§ 167 Abs. 1 Satz 2, § 169 Abs. 1 Satz 2, § 170 Abs. 1 Satz 1 VwGO).

9.3 Die Vollstreckungsvoraussetzungen

Vollstreckt werden können bestimmte gerichtliche Entscheidungen (**Vollstreckungstitel**, *vgl. unten 9.3.1*), wenn die weiteren Vollstreckungsvoraussetzungen (**Vollstreckungsklausel**, *vgl. unten 9.3.2*, und **Zustellung**, *vgl. unten 9.3.3*) gegeben sind.

Verwaltungsakte können nicht mit Hilfe der VwGO vollstreckt werden. Für ihre (zwangsweise) Durchsetzung sind die Vorschriften der Verwaltungsvollstreckungsgesetze des Bundes bzw. des betreffenden Landes maßgeblich.[160]

9.3.1 Die Vollstreckungstitel

Vollstreckt werden kann aus (§ 168 Abs. 1 VwGO)
- **rechtskräftigen** (*vgl. oben 7.2.6*) und **vorläufig vollstreckbaren** (*vgl. oben 7.2.3 und 7.7*) **gerichtlichen Entscheidungen** (*vgl. oben 7.1*),
- **einstweiligen Anordnungen** (§ 123 VwGO; *vgl. oben 7.4.3*),
- **gerichtlichen Vergleichen** (*vgl. oben 7.5*),
- **Kostenfestsetzungsbeschlüssen** (*vgl. oben 7.4.5*),
- **Schiedssprüchen** im Sinne von § 168 Abs. 1 Nr. 5 VwGO.

9.3.2 Die Vollstreckungsklausel

Den Beteiligten (*vgl. oben 3*) können auf **Antrag** vollstreckbare **Ausfertigungen** des Urteils ohne Tatbestand und ohne Entscheidungsgründe (*vgl. oben 7.2.3 und 7.2.4*) erteilt werden (§ 168 Abs. 2 VwGO).

Wie im Zivilprozess bedarf es grundsätzlich einer **Vollstreckungsklausel** (§ 167 VwGO i. V. m. § 724 ZPO [Urteile] bzw. §§ 936, 928, 929 ZPO [einstweilige Anordnungen] bzw. § 795 [andere Vollstreckungstitel]). § 171 VwGO lässt von diesem Erfordernis eine Ausnahme für die Fälle der §§ 169, 170 Abs. 1

160 Vgl. Kopp/Schenke, § 167 RdNr. 14.

bis 3 VwGO zu: Eine Vollstreckungsklausel ist **entbehrlich** bei Vollstreckungen **zugunsten der öffentlichen Hand** (Bund, Land, Gemeinde, Gemeindeverband, Körperschaft, Anstalt, Stiftung des öffentlichen Rechts) sowie bei Vollstreckungen **gegen die öffentliche Hand wegen Geldforderungen.** In diesen Fällen genügt eine einfache Ausfertigung des Titels als Vollstreckungsgrundlage.[161]

Muster: Vollstreckbare Ausfertigung

Vorstehende Ausfertigung wird	dem/der/den	zum Zwecke der Zwangsvollstreckung erteilt
Eine Ausfertigung dieses Beschlusses ist	dem/der/den	zu Händen von Rechtsanwalt
am	zugestellt worden. Die Zwangsvollstreckung darf frühestens **zwei** Wochen nach diesem Tag beginnen (§ 798 ZPO)	

Ort und Datum	Dienststempel	als Urkundsbeamter der Geschäftsstelle

9.3.3 Die Zustellung

Der Vollstreckungstitel muss dem Vollstreckungsschuldner zugestellt worden sein (§ 167 VwGO i. V. m. §§ 750, 795 ZPO).

9.4 Die Durchführung der Vollstreckung

Die Möglichkeiten der Vollstreckung sind je nach Vollstreckungsgläubiger und Vollstreckungsschuldner unterschiedlich:

- Vollstreckung **zugunsten der öffentlichen Hand gegen private Vollstreckungsschuldner** (§ 169 VwGO): anzuwenden ist das VwVG (des Bundes). Vollstreckungsbehörde ist der **Vorsitzende** des Gerichts des ersten Rechtszuges, der für die Ausführung der Vollstreckung eine andere Vollstreckungsbehörde oder einen Gerichtsvollzieher in Anspruch nehmen kann (§ 169 Abs. 1 Satz 2 VwGO). Falls die Vollstreckung zur Erzwingung von Handlungen, Duldungen oder Unterlassungen im Wege der **Amtshilfe** von Organen der Länder vorgenommen wird, ist sie nach landesrechtlichen Bestimmungen durchzuführen (§ 169 Abs. 2 VwGO).
- Vollstreckung **zugunsten der öffentlichen Hand** oder **zugunsten privater Vollstreckungsgläubiger gegen öffentlich-rechtliche Vollstreckungsschuldner** (§§ 170, 172 VwGO, § 167 VwGO i. V. m. §§ 890, 891 ZPO). Das Gericht des ersten Rechtszugs verfügt die Vollstreckung durch Beschluss (§ 891 ZPO). Es bestimmt die vorzunehmenden Vollstreckungsmaßnahmen und ersucht die zuständige Stelle um deren Vornahme (§ 170 Abs. 1 VwGO). Vor der Vollstreckung wird die Behörde, gegen die vollstreckt werden soll,

161 Vgl. Kopp/Schenke, § 171 RdNr. 2.

benachrichtigt, es sei denn, es handelt sich um den Vollzug einer einstweiligen Anordnung (§ 170 Abs. 2, 5 VwGO). **Zwangsgeld** kann gegen Behörden nach Maßgabe von § 172 VwGO festgesetzt werden.

10 Die außergerichtliche Streitbeilegung (Mediation)

10.1 Der Bedarf

Gerichtliche Entscheidungen (*vgl. oben 7*), aber auch Prozessvergleiche (*vgl. oben 7.5*) werden den Interessen der am Verfahren Beteiligten (*vgl. oben 3*) nicht immer voll gerecht. Auch vor Gericht geschlossene Vergleiche erreichen vielfach nicht die mit ihnen ursprünglich angestrebte nachhaltige Befriedung und Rechtssicherheit. Es wird daher seit einiger Zeit nach Möglichkeiten und Wegen gesucht, Konflikte außerhalb von Gerichtsverfahren zufriedenstellend zu beenden, sogar selbst noch, wenn sie bereits gerichtshängig geworden sind.

10.2 Der Begriff

Der aus dem Lateinischen stammende Begriff des Mediators[162] meint eine Person, die Konfliktpartnern bei einer sachgerechten Lösung behilflich ist. Die Konfliktpartner erarbeiten die Lösung unter Anleitung des Schlichters selbst und einigen sich einvernehmlich. Ziel ist, dass alle Beteiligten die Lösung tragen, die dauerhaft Bestand haben soll.[163]

Mediation kann in allen denkbaren Streitbereichen eingesetzt werden, z.B. in Familie, Wirtschaft, Arbeitswelt, Verwaltung und Schule.

10.3 Die Voraussetzungen

Der Erfolg einer Mediation hängt von folgenden Voraussetzungen bei allen Beteiligten ab:

- Der Konflikt ist abgrenzbar.
- Die Beteiligten unterziehen sich freiwillig der Mediation.
- Die Beteiligten beachten kommunikative Grundregeln.
- Die Beteiligten sind ergebnisoffen.
- Die Beteiligten legen die zur Klärung erforderlichen Sachverhalte offen.
- Die Beteiligten und der Mediator behandeln die Inhalte der Sitzungen vertraulich.
- Das nicht disponible objektive Recht steckt den Rahmen für die Lösung der Beteiligten ab.

162 Lat. mediator = Vermittler.
163 Vgl. www.konflikte-mediation.de (gefunden am 29. August 2011).

10.4 Die Vorteile

Die Beilegung (verwaltungs-)rechtlicher Meinungsverschiedenheiten ohne Inanspruchnahme verwaltungsgerichtlichen Rechtsschutzes bietet eine Reihe von Vorteilen[164]:
- Der Streit kann manchmal rascher, kostengünstiger und unbürokratischer als vor Gericht erledigt werden.
- Die Beteiligten (*vgl. oben 3*) können alle Umstände umfassend berücksichtigen.
- Einvernehmliche Vereinbarungen ermöglichen interessengerechte, zufriedenstellende und nachhaltige Lösungen.
- Es gibt nur Gewinner, keine Verlierer (»win-win-Situation«).
- Die Beziehungen der Beteiligten werden weniger strapaziert.
- Die Beziehungen können erhalten oder neu geschaffen werden.

10.5 Der Ablauf

Eine Mediation läuft typischerweise in folgenden Phasen ab:
- Vorphase: Kontaktaufnahme und Information der Beteiligten.
- Zusammenstellung der Mediationsthemen.
- Analyse der unterschiedlichen Sichtweisen der Beteiligten.
- Versuch, gegenläufige Sichtweisen und Interessen nachzuvollziehen und zu verstehen.
- Entwicklung gemeinsamer Lösungswege.
- Einvernehmlicher Abschluss einer Vereinbarung.

10.6 Die Mediation in der Verwaltungsgerichtsbarkeit

Im Vereinigten Königreich hat die dortige Regierung eine Initiative auf den Weg gebracht, die gerichtliche Prozesse erst zulassen möchte, nachdem die Mittel der Mediation und Schlichtung ausgeschöpft sind. Dadurch sollen die Gerichte entlastet und Kosten gespart werden.[165]

In Deutschland sind Schlichtungsstellen in einigen Bereichen des Zivil- und des Zivilprozessrechts – teilweise unter richterlicher Mitwirkung – anerkannt und bewährt, etwa im Versicherungsvertragsrecht[166], im Zwangsvollstreckungsrecht[167], im Arbeitsrecht[168] und im allgemeinen Zivilprozessrecht[169]. Durch Landesgesetz kann bestimmt werden, dass die Erhebung einer zivilgerichtlichen Klage erst zulässig ist, nachdem von einer durch die Landesjustizverwaltung

164 Vgl. Thüringer Justizministerium, Außergerichtliche Konfliktlösung, www.thueringen.de/de/justiz/konfliktloesung/aussergerichtlich/.
165 Vgl. www.justice.gov.uk/news/press-releases/moj/moj-newsrelease230611a.htm.
166 Vgl. § 214 VVG.
167 Vgl. §§ 794a Abs. 1 Nr. 1 ZPO.
168 Vgl. § 54 ArbGG.
169 Vgl. § 278 ZPO.

eingerichteten oder anerkannten Gütestelle versucht worden ist, die Streitigkeit einvernehmlich beizulegen. Der Kläger hat eine von der Gütestelle ausgestellte Bescheinigung über den erfolglosen Einigungsversuch mit der Klage einzureichen.[170]

Vergleichbare Regelungen sind dem deutschen Verwaltungsprozessrecht fremd. Ausdrückliche gesetzliche Regelungen für die verwaltungsgerichtsinterne Mediation fehlen derzeit noch, obwohl es entsprechende Überlegungen im Bundesministerium der Justiz gibt.[171] Dennoch haben einige Justizverwaltungen bzw. Verwaltungsgerichte Projekte »Güterichter« ins Leben gerufen. Der Güterichter soll mit geeigneten Vorgängen befasst werden, die bereits bei den Verwaltungsgerichten anhängig sind. Der an sich zur Entscheidung berufene Spruchkörper (*vgl. oben 2.4*) oder Einzelrichter überträgt das Verfahren durch Beschluss ohne mündliche Verhandlung[172] einem besonders hierfür ausgebildeten Güterichter. Rechtsgrundlagen sind derzeit § 173 VwGO i.V.m. § 278 Abs. 5 Satz 1 ZPO bzw. § 106 VwGO (beauftragter bzw. ersuchter Richter). Der Güterichter befasst sich mit dem Vorgang nach den Grundsätzen der Mediation, an der VwGO braucht er sich – anders als der streitentscheidende »gesetzliche« Richter – nicht zu orientieren. Dies ermöglicht eine flexible Geschäftsverteilung.

Die Beteiligten beantragen für die Dauer des Mediationsverfahrens das Ruhen des streitigen Gerichtsverfahrens (*vgl. oben 5.4.5*). Erreicht die Mediation ihr Ziel, kann das streitige Verfahren durch Rücknahme der Klage, übereinstimmende Erledigungserklärung (*vgl. oben 7.4.4*) oder im Vergleichswege (*vgl. oben 7.5*) beendet werden. Scheitert die Mediation, können die Beteiligten das ruhende Verfahren wieder aufnehmen und fortführen.

Die Verwaltungsgerichte haben für Güterichterverhandlungen besondere organisatorische Vorkehrungen getroffen, z. B. ausreichend große Verhandlungsräume, die Besprechungen mit mehreren Beteiligten ermöglichen, eine möglichst angenehme äußere Atmosphäre, die Möglichkeit zu separaten Gesprächen, visuelle Hilfen und Ähnliches. Die verwaltungsmäßige Bearbeitung erfolgt in gesonderten Geschäftsstellen (*vgl. oben 2.6*).

170 Vgl. § 15a EGZPO.
171 Vgl. z. B. BT-Drs. 17/5335, 17/5496 und 17/8058.
172 Vgl. § 173 VwGO i.V.m. § 128 Abs. 4 ZPO entsprechend.

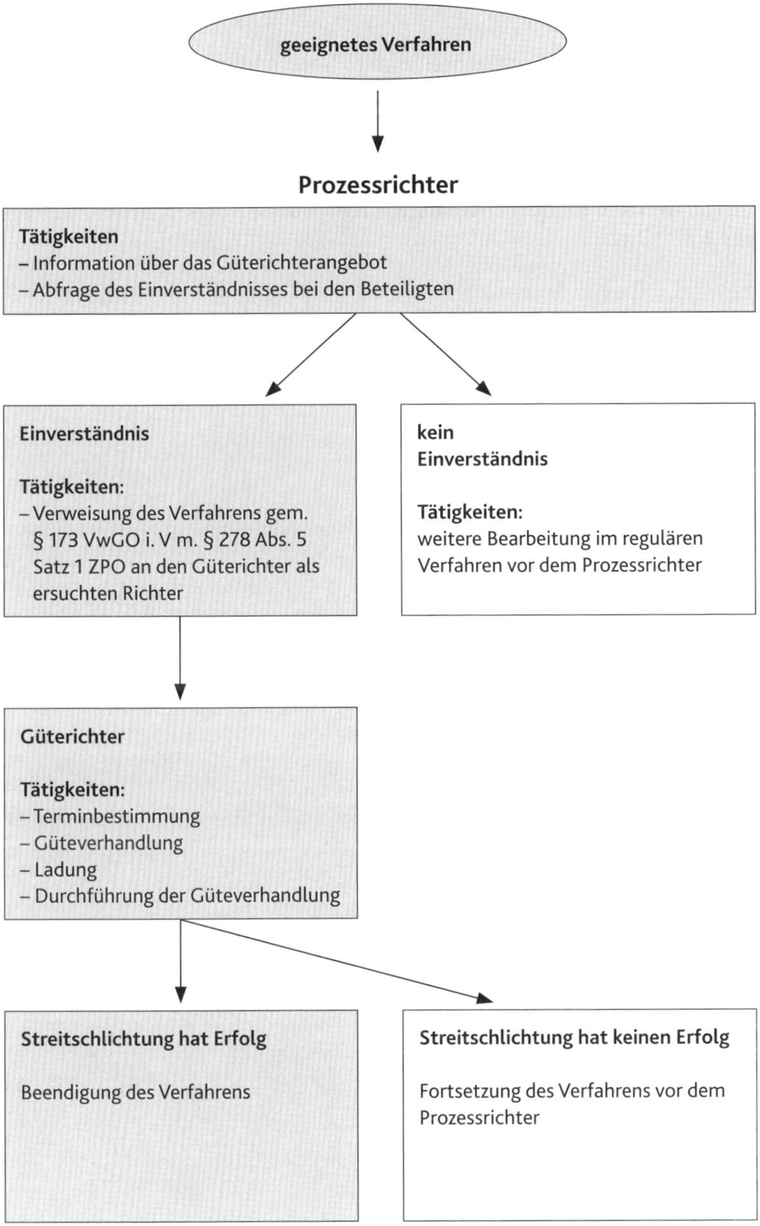
geeignetes Verfahren
Prozessrichter
Tätigkeiten
– Information über das Güterichterangebot
– Abfrage des Einverständnisses bei den Beteiligten
Einverständnis
Tätigkeiten:
– Verweisung des Verfahrens gem. § 173 VwGO i. V m. § 278 Abs. 5 Satz 1 ZPO an den Güterichter als ersuchten Richter
kein Einverständnis
Tätigkeiten:
weitere Bearbeitung im regulären Verfahren vor dem Prozessrichter
Güterichter
Tätigkeiten:
– Terminbestimmung
– Güteverhandlung
– Ladung
– Durchführung der Güteverhandlung
Streitschlichtung hat Erfolg
Beendigung des Verfahrens
Streitschlichtung hat keinen Erfolg
Fortsetzung des Verfahrens vor dem Prozessrichter

10.7 Die Kosten

Zusätzliche Gerichtskosten entstehen nicht. Sofern das gesamte Verfahren durch Vergleich beendet wird, ermäßigt sich die Verfahrensgebühr von 3,0 auf 1,0.[173]

Die Bevollmächtigten erhalten für die Teilnahme an einer Güteverhandlung keine weitere Gebühr. Bei einer Einigung entsteht eine Einigungsgebühr in Höhe von 1,0. Werden nicht rechtshängige Ansprüche mit verglichen, beträgt die Gebühr 1,5.[174]

173 Vgl. Kostenverzeichnis zum GKG Nr. 5111.

174 Vgl. Vergütungsverzeichnis zum RVG Nr. 1000, 1003.

11 Die überlange Verfahrensdauer

Mit dem Gesetz über den Rechtsschutz bei überlangen Gerichtsverfahren und strafrechtlichen Ermittlungsverfahren[175] hat der Bundesgesetzgeber mit den §§ 198 bis 201 GVG eine Entschädigungspflicht für Verfahrensbeteiligte eingeführt, die infolge unangemessener Dauer eines Gerichtsverfahrens einen Nachteil erleiden.[176] Die Angemessenheit der Verfahrensdauer richtet sich nach den Umständen des Einzelfalles, insbesondere nach der Schwierigkeit und Bedeutung des Verfahrens und nach dem Verhalten der Verfahrensbeteiligten und Dritter (§ 198 Abs. 1 GVG).

Die Höhe der Entschädigung richtet sich nach § 198 Abs. 2 GVG.

Der Anspruch setzt eine Verzögerungsrüge voraus (§ 198 Abs. 3 GVG).

Zuständig für die Klage ist das Oberverwaltungsgericht bzw. das Bundesverwaltungsgericht (§ 173 Satz 2 VwGO i.V.m. § 201 Abs. 1 GVG). Das Verfahren richtet sich nach der VwGO (§ 173 Satz 2 VwGO i.V.m. § 201 Abs. 2, 3 GVG). Anspruchsgegner ist das Land bzw. der Bund (§ 200 Satz 1, 2 GVG).

---

175 Vom 24.11.2011, BGBl. I S. 2302.

176 Schenke, Rechtsschutz bei überlanger Dauer verwaltungsgerichtlicher Verfahren, NVwZ 2012, 257 ff.

Stichwortverzeichnis